子どもの生きる力を育む
小学校家庭科の授業例

徳島県公立小学校元校長
徳島県家庭部会元会長

町口美千代
MACHIGUCHI Michiyo

文芸社

目　次

この本を手にした皆さんへ

　私は家庭科を研究教科とする教師として、長年小学校に勤務してきました。特に2001年（平成13年度）から2009年（平成21年度）の9年間と、2014年（平成26年度）から2015年（平成27年度）の2年間の計11年間、鳴門教育大学附属小学校で、家庭科（5年次・6年次）の授業を研究教科として、小学校の家庭科教育の在り方について取り組みました。

　長きにわたる教師生活の過程で、子どもたちの教育環境が大きく変わったことを実感しています。かつては多くの学校に家庭科や音楽などを専任とする教師がいたものですが、少子化の進行に伴い小学校の教師の人数も減少し、専科の教師がいない学校も増えました。そのため5・6年生を対象とする家庭科の授業を、クラス担任の教師が受けもつことも珍しいことではなくなりました。

　しかし家庭科を専門としない小学校教師が家庭科の授業を初めて行うとき、多くの場合に不安や戸惑いが生じるといいます。それは家庭科という教科が、国語や算数、理科などとは異なり、子どもたちの生活にとても身近なことにあります。また、近年は子どもたちの家庭環境やプライバシーなどにも配慮することが求められ、そうした側面での対応の難しさもあります。

　特に若い教師の方々が、家庭科の授業をどのように進めていったらいいか、悩みや不安を耳にすることが多くあり、私のこれまでの経験を少しでもお役に立てる形で伝えたいと思ったのが、この本を書くきっかけとなりました。

　私が勤務していた鳴門教育大学附属小学校では、研究教科としての家庭科学習について、校内外の先生方の前で年数回の研究授業を行ってきました。校内研究授業会（年2回）、校外研究授業会（春・夏の2回）と、新しいテーマに沿って、他の方が発表していない授業を構想するのは、とても大変な作業でした。しかしながら研究校でもある鳴門教育大学附属小学校でのテーマに基づいた各種の研究授業指導案は、自由な発想で指導案や研究紀要用に書き下ろすことができ、枠にとらわれずに構成なども考え、実践することができました。

　こうした経験を通して書き上げた指導案をベースとして、新学習指導要領に沿った授業を展開し、今、子どもたちに求められる知識や実践力を身につけられるよう授業の実際をまとめたのがこの本です。

　家庭科の指導案を構想したいという教師の方はもちろん、これから家庭科の研究をしていこうと思われる方にも、本書をお役立ていただければと願っています。

2023年3月　　　　　　　　　　　　　　　　　　　　　　町口美千代

【第1章】　A　家族・家庭生活

『小学校学習指導要領（家庭）』の「A　家族・家庭生活」の内容は、次の四つで構成されている。

（1）自分の成長と家族・家庭生活
（2）家庭生活と仕事
（3）家族や地域の人々との関わり
（4）家族・家庭生活についての課題と実践

　小学校の家庭科の授業は、日常生活の中から問題点を見出して課題を設定し、さまざまな解決方法を考え、実践を評価・改善するという一連の流れで進められる。「A　家族・家庭生活」は、家族と家庭生活の大切さや、地域との関わりについて学ぶことを目的としている。教師としては、児童それぞれの家族構成や、これまでの家庭教育方針が違うことが予想されることから、十分な配慮が求められることを念頭に置いて授業を行いたいと考える。家庭科は入り込み教科担任において実施される場合も多いので、その場合は各児童の家庭環境や事情について、詳細な担任との打ち合わせが必要である。

　また、家族や家庭生活について話し合い学習の場合、何でも話せる学級風土の醸成が大切である。しかしながらいろいろな家族構成の家庭があることは事実であり、それらすべてを受け入れられる学級ばかりではないことも承知し、日頃の学級の雰囲気や各児童の状況を踏まえ、無理をしない内容で進めるべきである。「家族」の捉え方も児童によっては微妙に違うことも予想されることから、率直な意見を発言することは良いことであるが、どの児童も傷つかないように、話し合いの内容、質問の仕方をあらかじめ綿密に計画しておくなどの配慮が求められる。

題材：GWに実践！　家族の休日プラン

（1）自分の成長と家族・家庭生活

■**題材の目標**
（1）自分や家族の生活に関心をもち、改めて見直すことにより、よりよい家庭生活をしようとする意欲をもつようにする。
（2）家庭の中での自分の役割を考えたり、家族のために自分のできることを工夫したりして、積極的に家族のためになる仕事を実践することができるようにする。
（3）家庭生活を支えている家族の大切さに気づき、プランナーとなることで、家庭生活を楽しくしようとする意欲を高め、家庭生活の重要性を理解し、課題解決ができるようにする。

■**題材について**
　毎日の生活の中で、「自分はいつ、どこで、何をしているか」「自分が生活していく上で、家族や周りの人々にどんなことをしてもらっているか」を自ら意識し、調べることで、自らの生活を振り返り、「生活を見つめ直す目」を養うことができる。そうすることで課題の発見や、課題の解決に向けての行動を起こす力を育てることにつながっていく。
　本題材では、家族同士がゆとりをもってふれあう時間を取りやすいと考えられるゴールデンウイークに、子どもたち自身が、各家庭に応じた家族のふれあいプランを考える。
　この活動を通して、子どもたち自身の目線から家族生活を見つめ直し、家族の一員として積極的に活動できるという自信をもたせることがひとつの目的でもある。さらに、家族と一緒に家庭の仕事などをする共通体験や、団らんをすることで通じ合ったり癒やされたりする、心豊かな家庭生活の重要さを意識させたい。

■**自己学習力の育成について**
（1）課題を発見する力を育むための工夫
　自分の家庭生活に関心を持ち、自分の生活時間とともに家族との共有の時間について、どんな問題があるかを十分に考えられるようにする。

（2）情報を選択する力、学習を構想する力を育むための工夫
　掲示ボードや図書、友人のプランなどから、新たな情報を集め、それらから得られ

た情報をもとに、自分ならではのプランを考えられるようにする。

（3）自己を評価する力を育むための工夫

　自己のプランを実践し、振り返り、自己の学びに対する見方や考え方の変化に気づき、見つめ直す力を育めるようにする。

■学習計画（全体）　2時間

	学習活動	指導上のポイント
事前	自分が実施したいと思う休日の過ごし方を家族と話し合う。	・家庭に学習のめあてを知らせ、協力を依頼する。
1時間目	**家庭の実感から、考えていくべきめあてをつかみ、学習の見通しをもつ。** ・家族で休日を過ごすために、それぞれの家庭ではどんな条件（時間・場所など）があるかを確認する。 ・家族でどのように過ごしたいか、意見を出し合う。	・よく似た家庭状況の児童でグループ分けをする。
2時間目	**「家族の休日プランを発表しよう」** ※次ページを参照	

指導の流れ

　家族で休日をどのように過ごしたいかを話し合う。（家庭）⇒家族で休日を過ごすための条件を整理する。⇒同じような条件の児童でグループを作り「家族の休日プラン」を考える。⇒各グループで発表を行う。⇒家族の過ごし方について理解を深め、多面的なものの見方・考え方ができる。

学習計画／2時間目 『家族の休日プランを発表しよう』

■本時の目標

　家族とのふれあいタイムを創造するためのプランをお互いに発表し合い、友だちのアイデアに学んで、よりよい家庭生活をめざそうとする意欲を高めることができる。

時間（分）	過程	主な学習活動と子どもの意識の流れ	教師の支援
10	構え	ビデオを視聴し、そこに見られる家族の様子を話し合う中で、本時の学習のめあてをつかむ。 ・アメリカでは、家族はどのようにして過ごしているのかな。 ・それぞれの家族によって、過ごし方があるんだな。	アメリカにおける家族とのふれあいの様子を取材したビデオを見て、いろいろな家族の過ごし方があることを知ることができるようにする。
15	自主	自分の「家族の休日プラン」を付箋に書く。 ・短い時間でできることを書く。 ・半日、1日でできることを書く。 ・家族との心のふれあいで考える。	自分のプランを話しやすいように、予定される家族とのふれあいの時間の差によるグループ分けをする。 付箋や掲示ボードを利用することで、各自の考えやアイデアを把握しやすくする。
15	協同	グループに分かれてブレインストーミング（BS法）を行う。 ・各グループでまとまった意見を発表する。 ・自分のプランの参考になることを書き留める。	自由な発想を保持するため、友だちの意見を批判しないようにルールを徹底させる。 【評価】知識・技能 ・家庭生活と家族の大切さについて気づいている。 ・家族とのふれあいや団らんの大切さについて理解している。

5	発展	今日の活動を振り返り、ゴールデンウイークに実施するための準備を始めようとする意欲をもつ。	家族と共に過ごす時間をもつことは、家族との心のふれあいがもて、いっそう家族との結びつきが強くなっていくことに気づかせ、実践・意欲が高まるようにする。 【評価】思考・判断・表現 • 家族とのよりよい関わりについて考え、工夫することができる。

■指導上の注意点

• 教科担任の場合は、児童それぞれの家族の背景への理解が不足していることもあるので、配慮すべき児童について担任の教師と情報をしっかり交換しておく。

• クラスによって、家族を話題にすることが難しい児童がいる場合には、架空の家族を作り、話し合ってもよい。

『GWに実践！　家族の休日プラン』のワークシート例

```
ゴールデンウイーク　家族ふれあいプランを実施して

                                    ┌─────────────┐
                                    │ 年　組　名前 │
                                    └─────────────┘
   実施した日　　年　　月　　日（　曜日　）

   ┌──────────────────────────────┐
   │ 実施ネーミング（　例　　○○家　ゲーム大会）      │
   │                                              │
   │    写真や絵　等                              │
   │                                              │
   └──────────────────────────────┘

   自分の感想と反省（今後の実施のことにもふれる）
   ─────────────────────────────────
   ─────────────────────────────────
   ─────────────────────────────────

      家族のご感想やご意見
   ┌──────────────────────────────┐
   │                                              │
   │                                              │
   └──────────────────────────────┘
```

題材：家庭の仕事を考える

（2）家庭生活と仕事

■題材の目標
（1）家庭における仕事と役割にはどんな問題点があるのかを、自分の生活の中から考えることができるようにする。
（2）身近な教師の理想的な家庭像を考え、家族の役割の多面的な価値に気づくことができるようにする。
（3）児童自らが家族の一員としてどんな協力ができるかを、多面的な価値に基づいた意思決定ができるようにする。

■題材について
　家庭は社会の基礎単位であり、児童が次世代にどのような生活を選びとっていくかを決定する上で、家庭とは何かを知ることはとても重要である。その意味で家庭科では、以前にも増して「家庭生活」が重視されてきている。

　これまで一般的な家庭では、固定的性別分担意識からジェンダーバイアスの存在があり、個々の潜在的な能力を引き出すことを妨げてきた。今回の改定では、「A　家族・家庭生活」において協力・協働を重視している。小学校においては家庭や地域の人々との協力を視点としているが、この中にもジェンダー的見方は潜んでいると考えられよう。

　本題材では、「家庭の仕事は誰がするのが適当か」という問題を考えようとするものである。家族間の役割について話し合い、人間として考えていくべき視点から、家庭の中での不平等はないかを子どもの意識につなげていく。

■自己学習力の育成について
（1）課題を発見する力を育むための工夫
　アンケートや家庭の仕事調べなどを行い、自分たちの家庭生活を見つめ直すことから始めて、現状を認識する。そして、それぞれの家庭の事情は違うが、共通に考えられる問題があることを、資料などを通して見出せるようにする。

（2）情報を選択する力を育むための工夫
　資料内の複数の情報に触れ、その中で必要なものを選択したり、多面的な見方・考え方を読み取ったりすることで情報を選択する力を育成する。また、他のグループの考え

と自分のグループの考えを比較し、必要な情報を取り入れることができるようにする。

（3）自己を評価する力を育むための工夫

　それぞれの学習時間の中で、本時に学び取ったであろう内容を自己評価票（モジュールシート）に表すことで、自分の考えの変容や学びの跡を確認し、自らを正しく評価できる力を育めるようにする。

■学習計画（全体）　4時間

	学習活動	指導上のポイント
事前	家では家族がどのような仕事をしているか。家庭の仕事、分担についてアンケートをとる。	・家庭に学習のめあてを知らせ、協力を依頼する。
1時間目	**家庭の実感から、考えていくべきめあてをつかみ、学習の見通しをもつ。** ・家庭にどんな仕事があるか確認する。 ・家庭の仕事をカードにし、誰が行っているかをわかるようにする。	・誰が主な家庭の仕事をしているかをわかりやすくするためにカードにする。 ・よく似た家庭状況の児童を同グループにしておく。
2時間目	**「日本と外国の家族を比べてみよう」** ロールプレイング。※次ページを参照	
3時間目	**「居心地の良い家庭像プラン」作りをする。** ・問題点を出し合って、どのように考えたら「居心地の良い家庭」になるかを話し合う。 ・グループごとに工夫したプランを作る。	・ワークシートを活用し、気づきや発見を広げたり、深めたりして、多面的な価値に気づく。
4時間目	**グループごとに「居心地の良い家庭像プラン」を発表する。** **これまでの学習を振り返り、自分なりの意見や感想をもつ。**	・ポスターセッション（ポスターにして発表）や図式、グラフなど、工夫した発表ができるよう支援する。 ・学習カードを工夫する。

指導の流れ

　家庭ではどのような仕事があるか家族にアンケートをとる。（家庭）　⇒家庭の仕事を知る。⇒「居心地の良い家庭像プラン」をグループで考える。⇒各グループで発表を行う。⇒家族や家庭の仕事について多面的なものの見方ができる。

学習計画／2時間目『日本と外国の家族を比べてみよう』

■本時の目標

　新聞記事を元に、ニューヨークと東京の家庭の典型的な仕事の分担の様子をロールプレイングし、多面的な価値への気づきと新しい価値観の形成のための学習活動をする。

時間 (分)	過程	主な学習活動と子どもの意識の流れ	教師の支援
5	構え	**前時までの学習を想起し、学習課題を確認する。** • シナリオ作りをしたので、ロールプレイをしたいな。 • 働く母親を対象にしたアンケート調査を元に、ニューヨークと東京の家庭では、家庭の仕事の分担の様子にどのような違いがあるのかを考えてみよう。	ロールプレイングしやすいように、場の設定などを工夫する。
15	自主	**ニューヨークと東京の家庭一組ずつのロールプレイングをし、気づいたことや問題点をワークシートに記入する。** 〈ニューヨークの場合〉 • 1日中仕事をして、残業をしたり、家で仕事をする母親が多い。 • 父親が平均20分早く起きる。 • 父親が料理や洗濯をするなど、家の仕事によく協力している。 〈東京の場合〉 • 母親が平均30分早く起きる。 • 全く料理をしない父親が、約半数いる。 • 洗濯をしない父親の割合は、7割いる。	自分の家庭と異なる演技をしたり、母親役を男子がしたりして、異体験をすることにより、違った角度からの見方ができ、多方面的な価値観に気づき、問題点が考えられるようにする。
20	協同	**二つの異なった家庭の様子から、どんな感想や問題点に気づいたかを話し合う。** • ニューヨークの父親は、よく家庭の手伝いをする。	ロールプレイングした児童にも感想を聞き、実感として感じたことを聞くようにする。

		• ニューヨークの父親は、帰宅が早いようだから手伝える。 • 母親も働いているのに、東京の家庭は、母親の仕事が多すぎる。 • 東京の家庭は、もっと子どもたちも手伝うべきである。	【評価】知識・技能 • 家庭生活が家族の協力によって営まれていることを理解している。 • 家庭には、家庭生活を支える仕事があり、互いに協力し分担する必要があることを理解している。
5	発展	**感想を話し合い次時の課題をつかむ。** • ニューヨークと東京の家庭について考えたので、次はみなさんの家庭について考えてみよう。 • 母親が働いている場合と働いていない場合、父親が忙しい場合や単身赴任などで父親がいない場合などを考える。	働いていない母親の場合はどうかなど、別の視点に気づくようにする。 【評価】思考・判断・表現 • 家庭の仕事の計画を考え、工夫することができる。

子どもたちの感想

5年2組	自分の家庭の様子について気づいたこと	自分にとって居心地のよい家庭とは	ニューヨークの資料を見ての感想
A	母は毎日同じことをしている。家では女の人がよくやっている。掃除などはちゃんとやらなければ汚くなり、気分が悪くなるのでやっていると思う。	掃除がよくできていて、家族が仲良くて、協力しあえる家庭がいい。女の人と男の人が同じくらい家庭の仕事ができたらいいと思う。	**ニューヨークの夫はすごいなあ。日本の夫と正反対で家事をよくするなあ。ニューヨークの夫が、妻より早起きっていうのにびっくりした。**
B	**ほとんど女の人がしている。病気になっても、母や父は家庭の仕事や外の仕事もしているのですごい。**	お母さんが困っていたら家族みんなが手伝い、みんなが明るく生活できるような家庭。	日本は夫がほとんど家事をしていないけど、ニューヨークは夫がほとんど家事をしているからすごい。
C	**ほとんど母がしている。自分はあまりしていないが、父は結構掃除など家事をしている。家の人はいつも忙しそう。**	**母が食事を作っているときには、父は掃除をしたりと協力しあっているような家庭。**	ニューヨークの夫婦のほうが協力できていて、いごこちのよい家庭であると思う。

■指導上の注意点

- 児童それぞれの家族の背景をしっかりと理解しておく。配慮すべき児童について担任の教師と情報交換しておく。
- ロールプレイングでは、上手くセリフが出てこなかったり、聞こえなかったりした場合には、適宜助言をする。
- 自分の家での現状を踏まえ、理想とする家庭とはどんなものかを考えていけるように導く。

『家庭の仕事を考える』のワークシート例

子どもたちの生活目標としての仕事

6年2組	規則正しい生活	早寝早起き	健康に生きる	朝ごはんをきちんと食べる	体の調子をととのえる	食べ物の好ききらいをしない	睡眠をとる	自分のことは自分でする	友達と仲良くした	勉強をまじめに	ごみすて	買いもの	カーテン	ふろそうじ	新聞	せんたくのかたづ	戸じまり	布団のかたづけ	いまのそうじ	食事の手つだい	動植物のせわ
21	O		O	O			O		O				O		O					O	
22	O	O	O	O	O	O	O	O	O			O	O								
23	O	O	O		O			O	O												
24	O	O	O	O		O	O	O	O				O	O		O			O	O	
25			O	O				O													
26		O						O	O									O		O	
27	O		O	O		O	O	O	O		O	O				O	O			O	O
28	O			O												O				O	
29	O	O	O			O	O	O	O	O				O		O				O	O
30			O	O		O	O	O	O		O		O	O		O				O	O
31	O	O	O	O				O	O				O							O	
32	O	O	O	O				O	O											O	
33	O	O	O	O				O	O											O	
34			O	O				O													
35	O		O					O	O	O			O					O			
36	O	O	O				O	O	O											O	O
37	O	O	O	O			O	O				O							O	O	O
38	O	O	O	O	O		O	O							O			O		O	
39	O	O	O	O	O	O	O	O								O	O			O	O
40																					

『わたしたちの家庭科　学習指導書5・6　上巻　実践事例編』（開隆堂）
著者作成（2001年度）より引用

　児童に、家庭でどのようなことを生活目標としているかアンケートをとり、まとめたもの。家庭にはどのような仕事があるか、友だちはどんなお手伝いをしているかなど、児童の視野を広げて、多様な価値観を育む。

14

****

指導のコツとアイデア①　－授業づくり－

****

　児童が積極的に授業に参加し、意欲的に学べる学習環境を整えるためには、教師もさまざまな工夫や取り組みを行うことが求められます。ここでは、児童の関心を高める魅力的な授業づくりのための指導のコツとアイデアを紹介します。

◆ロールプレイング

〈ロールプレイング〉とは、実際の場面を想定してさまざまな役割を演じることによって、当事者の気持ちを理解し、問題の解決法などを習得する学習方法です。
「もし私がお母さんだったら、家族にどんなことをしてほしいかな……」「お父さんは、夜遅くまで仕事をしていて大変だなぁ」。このように児童自身が、自分以外の立場の人たちについて考える機会を与える学びとして、〈ロールプレイング〉はとても有効です。特に家族や社会について学ぶ家庭科においては、実際の社会や家庭のあり方を児童自身がより身近に理解するために、授業に導入される例が多くあります。

　家庭科で実践する〈ロールプレイング〉では、まず教師が学習内容に応じた場面の設定を行います。次にクラスをいくつかの小グループに分けて、児童それぞれの役割を分担します。お母さん役、お父さん役など、それぞれの役割になったつもりで、どんな行動をとるか、どんなセリフを言うかなどを児童に考えさせます。児童は、自分たちでセリフを考えることで、その立場の人の気持ちを理解しようとする意識をもつことができます。

　各グループで話し合って練習した内容を、次はみんなの前で披露します。実際にその役割になって演じることで、その人の気持ちや行動について身近に感じることができます。また演じるだけでなく見る立場の児童も、友だちが演技する姿を見ることによって、よりリアルにその立場について感じることができます。

　実際に演じた児童と見ていた児童で、感じることが異なる場合もよくあります。それぞれの意見を発表し合い、その違いについて気づいたり考えたりすることも大切です。児童たちは異なる立場の人の意見や考えについて自分に置き換えることで理解を深め、また多様な視点を育てることができます。

　授業に〈ロールプレイング〉を導入する際の注意点としては、児童が演じやすいよ

うに、なるべくわかりやすい設定にするとよいでしょう。また言葉に詰まったときには助言するなどして、話がスムーズに進むように支援することも教師の大切な役割となります。

★ロールプレイングに適した題材

　家庭の仕事を考える／私の年末クリーン作戦／めざせ！　買物名人　など

◆ブレインストーミングとKJ法

　授業の中で児童がのびのびと積極的に意見を交わせる雰囲気づくりができると、教室が活気づいて、児童の学ぶ姿勢も意欲的になります。人前で意見を言うことが苦手という児童もいますが、できるだけ全員が参加して、それぞれが思っている意見を言えるような環境を授業では目指したいものです。

　〈ブレインストーミング〉は、児童にさまざまな意見を自由に出してほしい時に取り入れたい授業手法の一つです。〈ブレインストーミング〉とは、複数の人が集まって互いに自由に意見やアイデアを出し合い、互いの発想の違いを利用して、連想し合うことでさらに異なるアイデアを生み出していこうという集団思考法・発想法です。大人たちのビジネスの場でも、新たなアイデアを生むための会議手法として活用されています。

　また、〈ブレインストーミング〉で出たアイデアをベースに情報を分類、分析する手法に〈KJ法〉があります。〈KJ法〉とはデータをまとめる手法として文化人類学者の川喜田二郎氏が考案したもので、1枚の付箋やカードに一つのアイデアを書き、それぞれの位置を移動させながら全体を俯瞰して、意見を整理してまとめていきます。〈ブレインストーミング〉と〈KJ法〉を組み合わせることで、児童たちの活発な意見やアイデアが可視化され、より具体的なものとなっていきます。

　授業で導入する〈ブレインストーミング〉では、今回のテーマに合わせた目的とゴールを決め、全員が同じ目的・ゴールに向けて意見やアイデアを出せるようにします。それぞれの意見を言いやすいように児童を小グループに分け、大きめの付箋を10枚程度ずつ配り、自分の意見やアイデアを1枚ずつに書き込めるようにします。

　最初はグループでそれぞれの意見を交換しながら、思いついたことなど自分の意見を付箋に書き込みます。次にその付箋を全員で持ち寄り、それぞれの近い意見などをホワイトボードなどにグルーピングします。

　〈ブレインストーミング〉を行う際には、以下のような四つの原則があります。

• 批判しない。
• 奔放なアイデアを歓迎する。
• 質より量を重視する。

• 他のアイデアを修正、改善、発展、統合する。

　特に、他の友だちの意見を否定しないようにすることが〈ブレインストーミング〉では重要です。誰もが自由に躊躇することなく意見を言い合える環境を大切にしましょう。

　自分の意見を積極的に言えることと共に、友だちの意見を知ることで、それぞれの家庭の違いや考え方の違いを知ることができます。改めて自分の家族の良さを知ったり、家族への感謝の思いをもったりして、家族への新たな思いにつながります。

★〈ブレインストーミング〉に適した題材

　家族の休日プラン／高齢者にも優しいさわやかプラン／年末クリーン作戦／おこづかいプランナーになろう！　など

（3）学習の実際

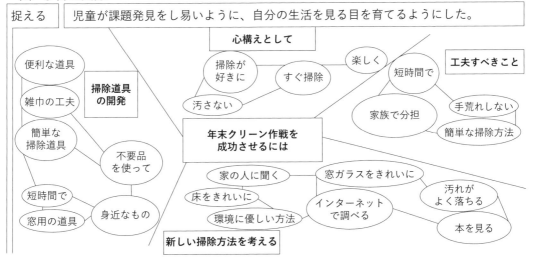

『年末クリーン作戦』を題材に、児童の意見を〈KJ法〉でまとめた図

◆家庭との連携

　児童たちの生活の基本は家庭にあります。児童たちが自分たちの家庭での生活を見つめ、家族の一員としてより良い暮らしを作り出していくことが、家庭科学習の一つの主題となっています。

　家庭科学習を通じて、児童が家庭での生活に改めて関心を持ち、より良い暮らしを創造していこうという意識をもつためには、子どもたちがどんな学びをしているかを家庭の方にも関心をもってもらい、積極的に関わってもらうことはとても効果的です。

　学校・児童・家庭が連携することで、児童にとっては家庭科がより身近のものとして感じられ、積極的に学びたいという意欲にもつながっていきます。その意味では家庭科は、家庭との連携や接点をより深くしていくことが理想だと考えられます。

そこで家庭や暮らしをテーマとする題材などでは、授業の事前準備として「家族にインタビュー」をして、自身で調査を行うなどの取り組みもおすすめです。

　そうした際には事前に保護者にお便りを出し、どのような課題を学ぶのか、どんな調査を行うのかなどをお知らせし、協力のお願いをしておくとよいでしょう。お便りを通して保護者の方にも児童が何を学んでいるかを知ってもらうことで、授業で学んだことを家庭で、より実践につなげやすくなっていきます。

　また、家庭で行った調査をクラスに持ち寄り、発表や話し合いを行うことで、それぞれの家庭による違いなどにも気づき、多様な価値観を学ぶことができます。そうすることで、自分の家庭の良さや、家族への感謝の気持ちをもつことにもつながります。

　家族に協力をお願いするときの注意点としては、それぞれの家庭によって事情があることに配慮します。保護者への負担が過度になりすぎないよう、全員の提出を義務付けたり、提出が遅れている児童に対して督促したりするようなことは避け、できるだけ協力していただきたいという姿勢を心がけましょう。

家庭へのお便りの一例

　　　　　　　　　　　　　　　　　　　　　　　　　　　　○○年○月○日

5年2組保護者　殿

家庭科「わたしたちの食生活」（わたしのお弁当ウオッチング）の学習について

　日頃は○○小学校の教育活動にご理解いただきまして誠にありがとうございます。

　さて、11月より5年生で履修いたします食物の領域で、栄養についての学習を行います。つきましては子どもたちの身近な生活の中から学習しようと、毎日子どもたちが持ってきているお弁当を取り上げ、それを題材にして学習を進めるように考えています。

　そこで学習の際には、5日ほどお弁当ウオッチングと題して、お弁当の観察をしたいと思います。家庭科の学習は日常生活の中でのよりよい食生活を考えることが大切ですので、とくに特別なお弁当を作っていただかなくてもよいということをお願いしたいと思います。また、子どもたちの（自分の）一押し弁当や一考したいと思うお弁当を例にして、よいお弁当とはどんなお弁当かをまとめていきたいと思います。

　この学習を終えたときに、お弁当について栄養的な面からだけでなく、お弁当についていろいろな見方ができるように学習を進めたいと思いますのでよろしくお願い致します。

　　　　　　　　　　　　　　　　　　　5年2組家庭科担当　町口　美千代

定期的に発行する家庭通信の一例

FKD

ふぞく かていか だより

H19.20号

フリージア号 ２００７．１２．２１ 発行

　今日，物価の高騰，食の安全性の問題等，様々な社会の変化や生活に関する問題が山積しています。そのような中，人が生活していく上で基本である家庭生活のあり方について学習していくということで家庭科は，その一翼を担っています。本号では，９月から１２月までの家庭科学習で身に付けてきたことをお知らせします。冬休みには，家庭での実践の機会をぜひとって頂きたいと考えています。２００７年もあと十日余り，皆様がよい年をお迎えなされますようにお祈り致します。

６年生　これまでに学んだことは，次のようなものです

○おこづかいプランナーになろう
「お金ってどんなもの」
「お金の使い方について考えよう」

　まず，自分はどんなお金の使い方をしているのかについて，見直しました。おこづかいをもらっている人，もらっていない人と様々でしたが，もらっていない人も，必要なお金はその都度もらっているとのことでした。昔は金銭について，子どもが語るということはタブーとされていましたが，カードでいくらでも好きな物を買うという誤った金銭感覚をもった若年層が増えています。そこで，自分ならどのような使い方をするかについて考え合いました。まとめの時間には，ファイナンシャルプランナーの加渡いづみ先生に来校して頂き，お金には，「使えるお金，使いたいお金，貯金をするべきお金」があるということをよく分かるように話して頂きました。

○HOW TO WASH 自分流

　手洗いをしたい物を各自が持ち寄り，前もって学習した「手洗いの仕方の種類」「洗剤の分量」「干し方・アイロンの仕方」を実践しました。家庭では，家族の衣類でも実践して欲しいです。

○加工食品について考えよう

　生鮮食料品に対して，加工食品があります。加工食品の種類や特徴，利用の仕方について学習しました。後半では，加工食品の一つであるみそ作りに挑戦しました。大豆から全員が手作りで仕込んだ物です。どんなおみそができているか楽しみです。専門家の濱野さんのご指導もいただいています。

○住まいの手入れについて考えよう
「金先生の健康で快適な住まい」
「大掃除　家庭科室」

　鳴門教育大学の金貞均（キムジョンギュン）先生に来校して頂き，「健康で快適な住まい」についてのお話を頂きました。授業では，実際に空気中のごみのようすを見せて頂いたり，ビデオを流して，ダニやカビの実態を見せて頂きました。また，ヘリウム風船で，風通しの実験も行いました。風通しをよくすることによって，「健康で快適な住まい」を実現できることを身をもって知ることができました。

　各クラスで分担して，本年最後の家庭科室の大掃除をしました。ガスコンロを磨いたり，流しを磨いたりしました。また，食器戸棚の中の茶碗一つ一つもきれいに洗い上げました。さすが６年生です。掃除の前と後とでは，見違えるようにピカピカになり，健康で快適な家庭科室になりました。

◆モジュールシート（自己評価カード）の活用

　教師はその授業において、児童一人ひとりがしっかりと本時の授業の目標に達しているかを見取ることが求められます。その評価をもとにして、次時以降の授業の改善が必要となる場合もあるでしょう。

　児童が授業に対してどれくらい理解しているかを確認するために、〈モジュールシート〉を作成して活用することが効果的だと考えられます。児童が毎時ごとの自己評価を書きこんでいく〈モジュールシート〉をそれぞれの題材に合わせて作成し、授業後に児童に書き込んでもらいます。

　毎時間の児童の見取りにはモジュールシートが有効であり、一人ひとりの理解を確認するとともに、その結果を次時以降の指導に生かすことができます。

モジュールシートの作成例

| わたしの一押し弁当作りプラン | 5年　　組　　番　名前 |

【モジュールシート】　　　自己反省カード

①，②時間目

1　自分の弁当の見直しをして、自分の課題が見つかりましたか。　　　はい　　ふつう　　いいえ

自分のお弁当について～と思う。だから、こんなことについて取り組んでいきたいということを書きましょう。
⇒

2　「五大栄養素」について、興味をもって自分の弁当を観察記録できましたか。　　　はい　　ふつう　　いいえ

五大栄養素について～こう思う。～な食品群と比べて～思う。バランスよくとれているかなど
⇒

3　自分のお弁当の課題から、問題点や疑問点を明らかにして学習計画をたてましたか。　　　はい　　ふつう　　いいえ

こんな問題点・疑問点が出てきた。それでこのように進めようと思う。など
⇒

4　①・②時間目に、友だちの課題を聞き、興味をもったことや考えたこと。
⇒

③，④時間目

1　自分のお弁当に対する課題に対して、計画的に学習を進めることができましたか。　　　はい　　ふつう　　いいえ

自分の課題は○○で、このようにして進めた。など

2　資料や家の人からの意見から自分のお弁当の課題の解決することができましたか。　　　はい　　ふつう　　いいえ

このような資料や家の人の意見から解決してきた。など

3　弁当作りの資料・自分が作れそうな献立はできましたか。
○○のこんなことがわかりこんな資料ができたなど。

4　③・④時間目に、友だちの課題を聞き、興味をもったことや考えたこと。

-1-

【第2章】 B　衣食住の生活

『小学校学習指導要領（家庭）』の「B　衣食住の生活」の内容は、次の6つで構成されている。

(1) 食事の役割
(2) 調理の基礎
(3) 栄養を考えた食事
(4) 衣服の着用と手入れ
(5) 生活を豊かにするための布を用いた製作
(6) 快適な住まい方

　小学校「家庭科」で学ぶ衣食住の内容をしっかりと習得することができれば、生きていく上での家庭生活の基礎を身につけることができる。

　食生活については、簡単な調理である「ゆでる、炒める」で、五大栄養素を考えながら調理の基礎を学ぶ。食事の役割として、「なぜ朝食が大切なのか」「食事を作るときの留意点」などを考える機会にもしたい。献立を立てる上で、特に重視したい主食・主菜・副菜の要素についての知識も身につけさせたい。

　衣生活については、健康・快適・安全で豊かな衣生活を考え、工夫する活動を通して、生活を豊かにするための布を用いた製作が導入されている。生活の中にある布でできた物に関心をもち、その特徴を生かして生活を豊かにするための物を考えて製作し、生活を楽しもうとする態度を育成することを目標とする。衣服の主な働きの学習では、健康・快適・安全の視点と関連させて、衣服の着用、手入れの大切さに気づけるようにしたい。さらに季節に応じた着方などで、衣生活文化の大切さにも関心をもてるようにしたい。

　住生活については、課題をもって健康・快適・安全で豊かな住生活に向けて考え、工夫する活動を通して、課題を解決する力を養い、住生活をより良くしようと工夫する実践的な態度を育成することをねらいとする。

題材：ある日の食卓～私の朝食作りの工夫～

（1）食事の役割　　　（2）調理の基礎

■題材の目標

（1）朝食に関心をもち、必要な材料・分量・手順を考えて調理計画を立てようとする。

（2）朝食には、どんな献立がよいかを考え、作り方を工夫し、楽しく食事をするための盛り付けや配膳の方法を考える。

（3）よく使用される食品をゆでたり炒めたりして、安全で衛生的に簡単な調理ができる。

（4）調理に必要な材料の分量や調理時間、栄養のバランス・食材の選び方を考え、自分の家族や季節のことを考えた調理の仕方を理解する。

■題材について

　題材名の「ある日の食卓」とは、いつも朝食を作ってくれている家族が病気や用事などで作ることができない日を想定している。したがって自分一人で朝食を作るところであるが、ガスコンロや流し台などの制約から、調理は二人組で行っている。

　二人調理により、必要以上に人に頼らずに調理できたという経験をすることで、まだ朝食を一人で作ったことがないという児童も、積極的に家庭で実践できるようにしたい。

　将来、朝食をきちんと摂ることが必要だと理解し、朝食作りを工夫してできるような知識と技術を身につけられるようにする。

■自己学習力の育成について

（1）積極的に学習課題をもつための工夫

　自分の家庭の朝食を見直す作業を通して、実際の朝食を絵に描いてみる。これによって自分たちの朝食に関する問題点が明確になり、どんな条件で朝食メニューの計画を立てるべきかを考えるきっかけとなる。また学校栄養士から「朝食はなぜ必要か」の話を聞くことで、「朝食は摂るべきである」ということを栄養学的に整理し、理解できるようにする。これにより、自分たちの朝食メニュー作りを行おうという意欲にもつながっていく。

（2）友だち（学習集団）との関わりによって学びの過程を深める工夫

　二人調理で、友だちと協力して仕事をする楽しさを体験し、友だちと心のつながり

を深める機会になることも気づかせる。味付けや盛り付けの工夫など友だちの発想のよさに気づくなど、友だちから学ぶ姿勢を大切にする。

（3）自己が（家庭科）学習の主体であることを自覚できる工夫

　自己の学びを振り返り、自己に対する見方や考え方の変容を見つめ直したり、自己の考え方・感じ方と比べながら、友だちの成果に触れたりできるような「自己評価カード」を作る。最終的に家庭での実践へとつながるように、家庭へも学習のめあてを知らせ、調理用具や食材のことも含めて、協力を依頼する。また、各家庭の朝食メニューや朝食について考えることにも、アンケートを実施し、家族の声を反映させて、家庭実践への意欲につながるようにする。

■学習計画（全体）4時間

	学習活動	指導上のポイント
事前	家での1週間の朝食を調べておく。	・家庭に学習のめあてを知らせ、協力を依頼する。
1時間目	**朝食アンケートから、理想的な朝食について考える。** **よく似た意見の者とペアを組み、二人で調理計画を立てる。**	・ワークシートを工夫し、気づきや意見を広げ深める。 ・調理技能にも配慮して、二人組を作る（二人調理）。
2・3時間目	**『朝食メニューを作ってみよう』調理実習** ※次ページ参照	
4時間目	**調理実習で良かった点と問題点を考える。** ・調理は予定通りの時間でできたかな。 ・調理で苦労をしたことはなんだろう。 ・栄養のバランスはどうだったかな。 **各グループ発表・意見交換** ・自分たちの朝食のアピールポイントや調理で工夫したことをまとめ発表しよう。	・学校の栄養士に授業に参加してもらい、アドバイスをしてもらう。 ・他の班の発表を聞いて、良いところを参考にし、より良い学習につなげる。

指導の流れ

　1週間の朝食調べをする。（家庭）⇒朝食の大切さを知る。⇒グループごとに朝食のメニューを考え、実習の計画を立てる。⇒調理実習をする。⇒朝食に対する考えをまとめ、これからの生活に役立てる方法を話し合う。⇒休みの日に朝ごはんを作ってみよう。（家庭）

学習計画／2・3時間目『朝食メニューを作ってみよう』－調理実習－

■本時の目標

　二人で考えた朝食メニューを分担して実際に調理し、他班と交流することで朝食作りを工夫して行おうとする意欲を高める。

時間(分)	過程	主な学習活動と子どもの意識の流れ	教師の支援
5	構え	**本時のめあてを確認する。** さあ、おいしい朝食を作るぞ。	各班の、材料などが揃っているか、確認をする。
60	自主	**計画に従って、段取りよく朝食作りを行う。** ・季節を考慮した材料を使う。 ・スピードを考える。 ・朝の活動源になるもの。 ・栄養バランスを考える。 ・彩りはいいか。 ・簡単でおいしいか。 ・食べやすいか。	調理時間でできるように。下ごしらえをしておく。 一人1品を作れるようにする。 相互評価に使用する「朝食工夫カード」を用意する。 **【評価】知識・技能** ・調理に必要な材料の分量や手順がわかり、調理計画について理解している。 **【評価】思考・判断・表現** ・おいしく食べるために調理計画を考え、調理の仕方を工夫することができる。
20	協同	**グループ間で相互評価をし合う。** ・朝食の工夫はできているかな。 ・調理の仕方はどうだろう。 ・盛り付けはきれいにできているか。 ・彩りはどうかな。 ・栄養バランスはいいかな。 ・冷蔵庫にある材料で、朝食作りができたよ。 ・また、家でも自分一人で作りたいな。	自分の班のアピールポイントを提示しておく。 事前に興味のある班を選んでおき、「朝食工夫カード」を渡すことができるようにする。 **【評価】知識・技能** ・食事の役割がわかり、日常の食事の大切さと食事の仕方について理解している。 **【評価】思考・判断・表現** ・楽しく食べるために日常の食事の仕方を考え、工夫することができる。

5	発 展	**朝食の大切さを意識して、家庭でも実践していこうとする意欲を高める。** • 朝食作りにとって、どんなことが大事なのかわかったよ。	家族の思いや願いを紹介する。

■指導上の注意点

- 食事調べで児童の家庭の食事を取り上げる場合は、プライバシーに十分に配慮する。
- 調理実習では、衛生面や刃物、火の扱いに十分に注意を払う。
- 学校の栄養士などに声をかけ、専門家の話を聞けるように協力してもらう。

題材：わたしの一押し弁当プラン

（1）食事の役割　（2）調理の基礎　（3）栄養を考えた食事

■題材の目標

（1）弁当作りの課題を解決するために、必要な資料や、調べ方を多方面から集め、計画を立て、学習構想力・情報活用能力・自己評価力を身につけるようにする。

（2）弁当に関心をもち、食生活を見直すことで、食事の大切さを理解できるようにする。

（3）食品の栄養的な組み合わせにより、食品をグループに分けることを理解し、健康的な食事の摂り方を理解する。

（4）弁当の作り手である家族の思いを知り、自分も弁当作りに関わろうとする態度を育てる。

■題材について

　題材として選択した教材は、児童の現在の生活から遊離せず、家庭生活に活用・応用できる「弁当」を選んだ。児童は遠足や運動会などの行事のときには、家族にきれいな弁当を作ってもらっている。それを当たり前のように食べているが、この身近な弁当をいったん教材に置き換えたとき、「自分の好きなものが入っているから、いい弁当なのか」「自分の弁当の量は、これでいいのか」「どうして弁当のおかずはよく似ているんだろう」など、児童にもさまざまな疑問が出てくる。いろいろな課題を自分なりに見つけ、その疑問をどうすれば解決できるかということから、この学習は始まる。

　この題材は自分の食生活を見直すことや食品の栄養的な組み合わせをすることの大切さについての学習であるが、これらを生きた学習とするために、発展学習として弁当作りの調理実習を行い、「自分たちの力でできる一押し弁当プラン」を実現させる。

■自己学習力の育成について

（1）学習意欲を高めるための工夫

　自分の弁当を観察することで、食生活を見つめ直し、自分の弁当の課題に目を向けながら、追究が持続できるようにする。

（2）学習構想力を伸ばすための工夫

　自分の学習課題をもって、計画的に学習できる。また計画した内容を、時間を考え

ながら順調に進めることができるように指導を行う。

（3）自己表現力を高めるための工夫

　学習したことを自分なりに工夫して表現できるように、さまざまな表現方法があることを伝え、実践を支援する。

■学習計画（全体）4時間

	学習活動	指導上のポイント
事前	家庭では弁当を作るときに彩りや栄養面で、どのように気をつけているか、アンケートをとる。	• 興味や関心を大切に、主体的に取り組めるようにする。
1時間目	**弁当ウオッチングをした記録から、自分の弁当を見つめ直す。** • 意見を出し合い、自分の弁当についての課題を考える。 • 自分の弁当についての課題から、その問題点や疑問点を明らかにし、学習計画を立てる。	• それぞれの課題や児童の調理経験を考慮し班編成を行う。 • パソコンや本、資料からも調べることができるようにする。
2時間目	**弁当について調べたことをもとに、自分たちでできるよりよい弁当について考える。** • 自分が考える弁当の問題点から、調べたことや聞いたことを参考にして弁当作りの資料としてまとめる。 • 自分の一押し弁当の中から、自分たちで作れそうな献立を選び、料理カードを作る。	• 参考になる話をしたり、関連した資料を配布しておく。 • 自分の一押し弁当の献立別の料理カードを作っておく。
3時間目	**班としての一押し弁当の献立を考える。** • 自分たちの力で作れる、一押し弁当の献立について、料理カードを使い、具現化する。	• 家の人からも、弁当の作り手としての思いを聞き取ってくるようにしておく。
4時間目	**自分たちが考えた一押し弁当を発表する。** ※次ページを参照	

指導の流れ

　家庭では弁当を作るときどんなことに気を配っているかアンケートをとる。（家庭）⇒自分の弁当にある課題を見つける。⇒よりよい弁当について考える。⇒「わたしの一押し弁当」をグループで考える。⇒各グループで発表を行う。⇒自分の健康は、家族が支えてくれていることに気づく。

学習計画／4時間目『わたしの一押し弁当プランを発表しよう』

■本時の目標

班として、「一押し弁当」を発表し合う活動を通じて、他班の弁当に対する考え方や家の人の思いを知ることにより、弁当作りに大切なことは何かを理解し、進んで弁当作りをしようという態度を養う。

時間（分）	過程	主な学習活動と子どもの意識の流れ	教師の支援
5	構え	自分たちの一押し弁当について発表するという、本時のめあてをつかむ。	前時に考えた具体的な自分たちの献立を一覧にしておくことで、発表内容を把握しやすくしておく。
5	自主	自分たちの力で作ろうとする弁当案を提示し、調べたことや考えたことを発表する。	自分たちの弁当に対する考え方がよく表れるように、考えの根拠を明らかにしながら話せるようにする。 【評価】知識・技能 ・食事の役割がわかり、日常の食事の大切さと食事の仕方について理解している。 【評価】思考・判断・表現 ・おいしく食べるために調理計画を考え、調理の仕方を工夫することができる。
30	協同	考察別に発表し合い、意見交換をする。 ・栄養のバランスはどうかな。 ・野菜の量はどうだろう。 ・ご飯の量はどうだろう。 ・健康に良い材料を使っているかな。 ・健康に彩りのいいお弁当になっているかな。	写真や資料を使用して、視覚的にもわかりやすい発表ができるようにする。 栄養士に、意見交換の中に入ってもらい、適宜アドバイスいただく。 【評価】知識・技能 ・食品の栄養的な特徴がわかり、料理や食品を組み合わせて取る必要があることを理解している。 ・献立を構成する要素がわかり、1食分の献立作成の方法について理解している。 【評価】思考・判断・表現 ・1食分の献立について栄養のバランスを考え、工夫することができる。

5	発展	本時の学習を振り返り、弁当作りをするための方法をまとめ、考えたことを発表する。	ポイントをまとめ、家庭でも実践できるように促す。 家の人からの弁当に対する思いや考え方を紹介する。

■指導上の注意点

- 学校の栄養士など、専門家の話が聞けるように協力してもらう。
- 弁当作りならではの注意点と工夫点（具材の詰め方、安全安心な調理、献立の工夫など）についての資料を渡し、学習する。
- 家庭でのウオッチングに関しては児童の実態を考慮し、無理のない調査をする。

『わたしの一押し弁当プラン』のワークシート例

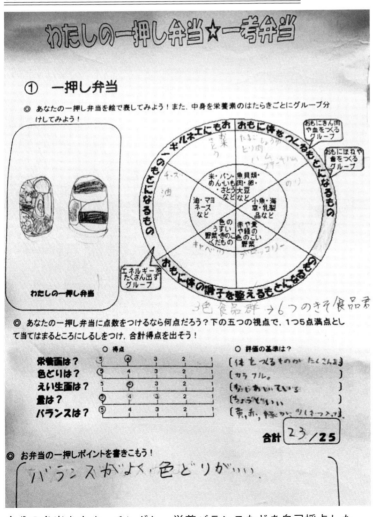

自分の弁当をウオッチングし、栄養バランスなどを自己採点した。

題材：夏野菜の秘密について調べよう

（3）栄養を考えた食事

■題材の目標

（1）夏野菜を使った簡単な調理の計画を立て、自分の課題に気づき、調理は簡単に取り組むことができることや生活に役立つことを知り、家庭でも実践していこうとする。

（2）課題を調べるために、必要な資料、調べ方を多方面から考え、計画を立て、実践したことをわかりやすくまとめることができるようにする。

（3）夏野菜の選び方や調理方法を理解できるよう、自分の食生活を考え、学んだことを生かして実践していけるようにする。

■題材について

　食事は自分たちの成長や活動に欠かせないものであり、必要な成分は食品として外から摂取しなければならないことを、児童にしっかりととらえさせることを目標とする。食物の中でも特に野菜の役割は、解毒と抵抗力を与え、細胞を守り、生体の防御復活作用をするものである。

　今回は身近な栄養素であるビタミンCに着目し、どんな夏野菜に多く入っているかを探り、その調理の仕方、材料の選び方、食物の摂り方などに学習をつなげる。

　この学習を通じて、栄養を摂ることを原点から考え、適切な調理法と調理上の工夫で、抵抗なく野菜が食べられるように自らが実践していこうとする力を身につけさせたい。

■自己学習力の育成について

（1）実践的・体験的学習の場を設定

　身近な実験・観察の実施、インタビュー、実物の導入など、多様な活動を行うことで、児童自身が課題を見つけ、見通しをもつことにより、主体的に実践的・体験的な活動が行えるように工夫をする。

（2）学び合う学習の場を工夫

　課題解決のために、児童同士が実験し、話し合うことで、追究活動ができるよう班で工夫する。

（3）学習の振り返りや学習活動の支援の工夫

　自己評価票（モジュールシート）を活用し、段階的に学習が終わるごとに、わかったことや感心したこと、学習したことへの自分の評価を書き込むことで、次時の学習で行うべきことを明確にすることができる。また、活動にはいろいろな学習活動支援カード（学習カード）を作り、活用する。

（4）家庭との連携

　子どもに事前調査を行い、授業前の実態調査を行う。また、保護者にインタビューをして日常生活での工夫点などを聞き、家庭にも協力してもらう。

■学習計画（全体）2時間

	学習活動	指導上のポイント
1時間目	夏野菜について、その種類や栄養面・調理面について自分の食生活を見直し、自分の課題をもつ。 課題解決のための必要な資料調べやインタビューなどをして、学習方法を考え、追究活動をする。	・身近な夏野菜（家庭菜園で育てた経験のある野菜や日頃食卓や給食で食べる野菜）など、できるだけ多くの夏野菜を挙げることで、夏野菜に興味をもたせる。 ・緑黄色野菜と淡色野菜に分類し、栄養面について考え、とくに今回はビタミンCに着目した実験を行うようにする。
2時間目	「野菜のビタミンCの変化を調べよう」の実験を行う。 ※次ページ参照	

指導の流れ

　夏野菜にはどんな物があるかに興味をもつ。⇒夏野菜の栄養や調理について、資料を探したり、情報収集を行う。⇒班ごとに実験を行う。⇒各班で発表を行う。⇒自分の家庭で実践に役立てるようにする。

学習計画／2時間目『野菜のビタミンCの変化を調べよう』

■本時の目標

　課題別の班ごとに実験を行い、それぞれに実験結果を発表し合うことにより、夏野菜の選び方や調理方法を考え合い、自分の家庭での実践に役立てるようにする。

時間(分)	過程	主な学習活動と子どもの意識の流れ	教師の支援
5	構え	**本時のめあてを確認する。**	手順よく、自分の班の実験ができるように確認し、それぞれに協力を促す。
25	自主	**班ごとに考えた実験を行う。** • 熱によるビタミンCの変化。 • ビタミンCが水に溶けやすいか否か。 • 野菜の鮮度変化によるビタミンC量。	実験方法がわかりやすく提示できるように支援しておく。 正しい方法で実験ができるように、あらかじめ方法を見直すように促す。
10	協同	**実験結果を黒板に書き、自分や友だちの実験結果から予測できることを話し合う。**	実物を見せたり、実験の様子を確認できるものを提示したりして、具体的に示すことができるように支援する。 事前に記録カードを各児童に配り、実験結果やそれからわかることを書き込めるようにしておく。 【評価】知識・技能 • 体に必要な栄養素の種類と主な働きについて理解している。
5	発展	**本時の活動を振り返り、自分や友だちの活動の良さに気づいたり、認めたりして次時の活動へつなぐ。**	相互評価をもとに、モジュールシートに記入するように促し、自分の家庭での実践への意欲をもつことができるようにする。

■指導上の注意点

• 実験方法について、よく話し合い、班での役割分担をしておく。
• 指導者は、前もって予備実験をしておき、うまくいかない場合にも提示できるようにしておく。
• 実験結果は、理論上と同じ結果が出るとは限らない。実施した環境や実験方法な

どにより、異なった結果が出る場合もあることを説明する。

【その他の題材・実践例】
題材名：『わたしのおすすめおやつプラン』

「おやつ」は成長期の子どもたちにとって、食事と食事の間の空腹を満たし、不足する栄養を補ったり、家族や友だちとの団らんの場を作ったりという大切な役割がある。しかし現在では手作りのおやつを食べることは少なく、市販のジュースや菓子類を自分で買って食べている状況が多くみられる。

　本題材では「飲み物編」として、日頃児童が多く飲んでいる飲料を取り上げ、糖度計を用いてどの飲料に砂糖がどれくらい多く含まれているかを計る。またジュースを手作りして、同様に糖度を計り、その違いを理解させる。

「食べ物編」では、よく食べる市販のおやつの成分表を見て、油分・塩分・糖分について確認し、話し合う。

　これらをもとに、どんなおやつが良いかを考え、体に良いおやつとはどんなものかを考え、食生活の改善へとつなげていくことを目指していきたい。

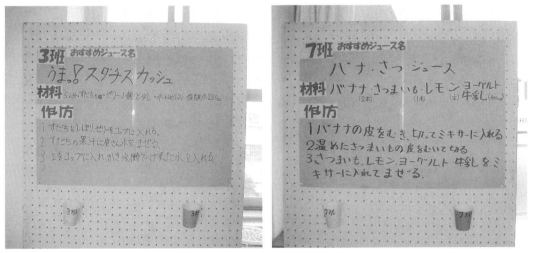

各班に分かれて、体に良いと思われるジュースを作り、その内容をまとめてホワイトボードに張り、ポスター発表を行った。

題材：スローフードでおみそ汁

（2）調理の基礎

■**題材の目標**

（1）米飯とみそ汁の調理に関心をもち、必要な材料・分量・手順を考えて、調理の計画を立てようとする。

（2）米飯の炊き方やみそ汁の作り方を工夫し、楽しく食事するための盛り付けや配膳の方法を考える。

（3）みそ汁のだしの取り方や実の切り方、入れ方を工夫し、みその風味を損なわないみそ汁を調理できるようにする。

（4）およそ一人分の分量や調理時間・栄養のバランス・食材の選び方を考え、自分の家族や季節のことを考えた調理の方法を理解する。

■**題材について**

　現代は経済優先・効率優先の世の中であり、日本人が古くから伝承してきた食に関する感性や美意識が失われつつある。児童には、この国、この風土に生まれた日本人として、豊かな自然の恵みを生かして作り上げてきた郷土料理やおふくろの味、食文化の伝統を守り伝えてほしいと考えている。

　本題材では基礎的なご飯の炊き方やみそ汁の作り方の実験的調理実習を行う中で、スローフード味覚体験を行う。みそ汁については、「いりこだし」「削り節」「昆布」でだしを取り、その味や風味を比較した。「スローフード」をキーワードに、米飯作り、みそ汁作りをする。これにより実践的・体験的に関心を寄せ、食生活を創造し、技術を高め、調理法の理解を深めてほしいと考える。季節感を取り戻し、食材の良さを味わい、複数の人の中で楽しく食べるという、食生活の良さを認識できる子どもに育てたい。

■**自己学習力の育成について**

（1）**基礎的活動への支援**

　あらかじめスローフードについての自学自習を行い、自身の考えをもつようにする。基本的なご飯とみそ汁の作り方は、早い段階で実験調理を行ってポイントをまとめた。

（2）**実験的・体験的学習の場を設定**

　児童が実現したいスローフードのみそ汁作りができるよう、同じような考え方のメ

ンバーが集まる調理班を作った。

（３）自己を評価する力を育むための工夫

　本時で学び取った内容を「自己評価カード」に書き表すことで、自分の考えの変容や学びの跡が確認でき、自らを評価する力を育てていくことができる。

■学習計画（全体）４時間

	学習活動	指導上のポイント
１時間目	**米やみそについて調べる。** • 毎朝、ご飯とみそ汁を食べているけれど、友だちはどうかな。 • ご飯やみそ汁の良いところは何かな。	自らの食生活を振り返ることで、主題に対する関心を高め、主体的に学習に取り組むようにする。
２時間目	**ご飯とみそ汁作り（実験調理１）を実践する。** • 家での調理の様子を調べ、調理計画を立てる。 • みそ汁の栄養について調べ、みそや実の種類、だしの取り方、用具について実験的な調理実習をし、自分の課題を持つ。 • 「スローフード」について考える。	ワークシートを工夫し、気づきや発見を広げたり、深めたりできるようにする。 「スローフード」への考え方を考慮し班編成をしておく。
３時間目	**『スローフードでおみそ汁』（実験調理２）を実施する。** ※次ページ参照	
４時間目	**前時までの活動を振り返り、良かったことや問題点を話し合う。** • みそやだしの違いで、味はどのように変化したかな。 • 「スローフード」のみそ汁の良いところは何だろう。	家庭での実践につながるよう、モジュールシートを作り、活用する。 • これまでの学習の様子をお便りなどで家庭にも知らせる。

指導の流れ

　毎朝ご飯とみそ汁を食べているか話し合う。→標準的なご飯の炊き方とみそ汁の作り方を理解する。→実際にご飯とみそ汁を作る（実験調理１）。→「スローフード」について考え、理想のみそ汁を考える。→仮説に基づいてもう一度みそ汁を作る（実験調理２）→実験調理２のまとめを発表し合う→家庭でもご飯とみそ汁を作ってみよう。（家庭での実践）

学習計画／3時間目 『スローフードでおみそ汁』 −実験調理−

■本時の目標

　スローフードを意識したみそ汁作りを各班が取り組み、出来上がったみそ汁を味わったり、即席のみそ汁と比べあったりして、主体的な食材の選び方、調理の仕方を学び合い、自分や家族のためにより良い食生活をしようとする意識を高める。

時間(分)	過程	主な学習活動と子どもの意識の流れ	教師の支援
5	構え	**本時のめあてを確認する。** • うまく手作りのみそに合うだしが作れるかな。 • インスタントのみそ汁よりうまく作るぞ。	アピールしたいみそ汁の献立別に、調理実習ができるように準備する。 手作りみそ班／手作り豆腐班／自家製野菜班／伝統的な料理法／地域の特産
20	自主	**煮干し、かつお節、昆布、しいたけ、混合だしで、みそ汁作りを行う。** • だしの取り方はうまくできたかな。 • 味はどうかな。 • 風味はどうかな。 • 栄養はあるかな。	計画に従って、注意すべき点を落とさずに安全に進められているか、各班のチェック項目を中心に見取っていく。 **【評価】知識・技能** • 加熱用調理器具の安全な取り扱いについて理解し、適切に使用することができる。 • 材料に適したゆで方を理解し、適切にできる。 **【評価】思考・判断・表現** • おいしく食べるために調理計画を考え、調理の仕方を工夫することができる。
10	協同	**みそ汁の試食と即席みそ汁を食べ比べてみる。** 比較した結果をもとに、スローフードについて発表する。	• 塩分濃度計で、みそ汁の塩分量を計る。 • 学校の栄養士からスローフードについての話を聞く。
10	発展	スローフードについての考えをまとめるとともに、これからの食生活について大切にしたいことを話し合う。	これからもスローフードを意識した調理を家庭でも行っていこうとする意識を高められるようにする。

■指導上の注意点

- それぞれの班の材料別による調理の仕方を確認しておく。
- 栄養士などの専門家を招き、スローフードの良さや伝統食の良さについて話してもらう機会を設けられると良い。
- 自己評価をしやすいように、5点評価法を取り入れた評価カードを設けておく。

【児童の声】

★「この単元を通してスローフードの大切さを知ることができました。確かにファストフードの方が手軽かもしれませんが、健康のことを考えるとスローフードの方が良いと思います」

★「自分たちで作ったおみそ汁と、ファストフードのおみそ汁の味が違うだけでなく、内容も違うということが実際に比べることで納得できた」

★「スローフードは手間がかかるけど、インスタントよりもいいので、これからはできるだけスローフードのものを食べていきたいと思いました」

【ワンポイント！】

守りつなげた「スローフード」の精神

　スローフードの条件を、国際組織のスローフード協会では、以下のように挙げている。

① その土地で採れる食材・食品であること。
② それが、おいしいこと（そのおいしさとは、その土地の習慣や伝統を基準とする）。
③ 生産方法や調理法がその土地の風習にあっていること。
④ その食材や調理法の発掘が、その土地の活性化や社会に貢献すること。

　スローフードとは、世界のどこでもその土地にあった伝統的な食材や調理法を大切にし、昔からの味、食の多様性を守っていこうとする考えである。この国、この風土に生まれた日本人として、豊かな自然の恵みを生かして作り上げてきた郷土料理やおふくろの味、食文化の伝統を大切に守り、子どもたちに伝えていくことも大事な教育の一環であろう。

『ある日の食卓』のワークシート例

ある日の食卓～私の朝食作りの工夫～

5年　　　組　　　番名前

　「ある日」というのは、いつも朝食を作ってくれている人が、病気などで作ることができないという特別な日です。そんな日に、冷蔵庫にあるもので朝食作りをしようというものです。調理は二人で行います。
　自分だけでもできるほどの段取りのよさで、進めて欲しいです。

　まず冷蔵庫などにあるものを決めたいので、あなたの家の冷蔵庫や戸棚にある物には○をない物には×を書きましょう。また、他にあるものがあれば書き足しましょう。

しょうゆ	○	ねぎ	○	とうふ	○	みかん	○
マヨネーズ	○	レタス	○	あぶらげ	○	牛乳	○
ソース	○	キャベツ	○	なっとう	○	ヨーグルト	○
ケチャップ	○	人参	○	カレー粉	○	かつお節	○
卵	○	じゃがいも	○	みそ	○	もやし	×
塩	○						
のり	○	トマト	×	ふ谷日	×	ほうれんそう	○
砂糖	○						
バター	○	きゅうり	×	りんご	○	しいたけ	×
はちみつ	○						

つけ加えたいもの

お米、大根、わかめ、にぼし、油

じぶんたちの朝食のこんだては

献立名

ごはん、おみそ汁、なっとう入り卵焼き

材料 米、大根、わかめ、ねぎ、あぶらあげ、卵、なっとう、みそ、にぼし、油

作り方　・ごはんをたく。

～お汁～
1. 頭と内そうをとったにぼしをダシパックに入れ、10分くらいにる。その後ひき上げる。大根も入れる。
2. わかめ、あぶらあげも入れる。
3. みそをとき、ねぎを入れる。

～卵焼き～
1. 卵をわりなっとうをまぜ合わせる。
2. フライパンに油をひき焼く。

『わたしの一押し弁当プラン』のワークシート例

<table>
<tr><td colspan="2">ワークシート1</td><td colspan="7" align="center">わたしのお弁当ウオッチング</td><td>5 年　　組　　番名</td></tr>
<tr><td colspan="2">月 日　曜日</td><td colspan="2">1 0 月 2 2 日（水）</td><td colspan="2">1 0 月 2 7 日（月）</td><td colspan="2">1 0 月 2 8 日（火）</td><td colspan="2">1 0 月 3 0 日（木）</td></tr>
<tr><td colspan="2">お弁当の絵
（写真）</td><td colspan="2"></td><td colspan="2"></td><td colspan="2"></td><td colspan="2"></td></tr>
<tr><td colspan="2">献　　立</td><td colspan="2">おにぎり　人参　ゼリー
ソーセージ　レタス
つけもの　ハンバーグ
ポテト　ポテト
肉だんご　たまご焼き</td><td colspan="2">おにぎり　コロッケ
つけもの　プリン
キャベツ　人参
たまご焼き　肉だんご
からあげ　ふりかけ</td><td colspan="2">おにぎり　ゼリー
キャベツ　人参
目玉焼き　肉じゃが
大学芋　ハンバーグ</td><td colspan="2">おにぎり　ハムステーキ
ブロッコリー　チーズ
キャベツ　人参
つけもの　たまご焼き
からあげ　佃煮</td></tr>
<tr><td colspan="2">五大栄養素</td><td>たん白質
ぶた肉
牛肉 卵</td><td>無機質
のり</td><td>たん白質
ぶた肉
卵
とり肉</td><td>無機質
海そう</td><td>たん白質
卵
豚肉　牛肉</td><td>無機質
のり</td><td>たん白質
卵
ハム
チーズ</td><td>無機質
こんぶ
のり</td></tr>
<tr><td>たん白質
魚・肉・
卵大豆等</td><td>無機質
小魚海草
乳製品等</td><td colspan="8"></td></tr>
<tr><td>炭水化物
穀類・い
も類砂糖等</td><td>しぼう
油・マヨ
ネーズ等</td><td>炭水化物
米</td><td>しぼう
じゃがいも
サラダ油
マヨネーズ</td><td>炭水化物
米</td><td>しぼう
サラダ油
ごま</td><td>炭水化物
米
さつまいも
じゃがいも</td><td>しぼう
サラダ油
ごま</td><td>炭水化物
米</td><td>しぼう
サラダ油</td></tr>
<tr><td colspan="2">ビタミン</td><td colspan="2" align="center">ビタミン</td><td colspan="2" align="center">ビタミン</td><td colspan="2" align="center">ビタミン</td><td colspan="2" align="center">ビタミン</td></tr>
<tr><td>緑黄色
野菜</td><td>淡色野
菜その
他の野
菜</td><td>人参</td><td>レタス
大根
タマネギ</td><td>人参</td><td>キャベツ
大根</td><td>人参</td><td>キャベツ
タマネギ</td><td>人参
ブロッコリ
ー</td><td>キャベツ
大根</td></tr>
<tr><td colspan="2">気がついたこ
とや感想</td><td colspan="2">野菜が少ない。
色どりがよく、おいしい。</td><td colspan="2">少し、色どりが悪い。</td><td colspan="2">大学芋がおいしい。</td><td colspan="2">栄養的によい。</td></tr>
<tr><td colspan="2">一押し①一考②</td><td colspan="2">①色どり</td><td colspan="2">①プリン②色どり</td><td colspan="2">①大学芋</td><td colspan="2">①栄養</td></tr>
</table>

『夏野菜の秘密について調べよう』のモジュールシート例①

夏野菜のひみつをしらべよう　その2

～キャベツの状態から，ビタミンCの量を量り，夏野菜の調理に生かす～

5　年　2　組　　　番名前

モジュールシート
学習記録カード＆自己反省カード

1　実験予想

水につけておくことでビタミンCは・・・ゆでることではビタミンCは・・・新しさではビタミンCは・・・

2　実験記録

水につけておく（せん切り）				ゆでる　　　（せん切り）			
一昼夜	1時間	30分	さっと	10分	5分	1分	そのまま

水につけておく（せん切りにしない）				ゆでる　　　（せん切りにしない）			
一昼夜	1時間	30分	さっと	10分	5分	1分	そのまま

新しさ	
とれたて	1週間

3　実験結果から予想できること

てびき

○自分の実験結果から考えよう。　　○友達の実験結果からも考えよう。

○調理する上で，どんな注意をしたらよいか考えよう。

4　今日の授業を振り返って

****

指導のコツとアイデア②　－調理実習編－

****

　家庭科の授業の中でも調理実習は、児童にとって楽しみな学習の一つです。ただし実習中では材料を切ったり火を使ったりする活動があり、危険を伴うことがあります。また衛生管理にも教師は十分な配慮が求められます。児童が安全に楽しく活動できるように、調理実習で注意したいポイントをまとめました。

◆調理実習の準備

　調理実習で特に注意が必要なのは、調理中に児童がけがややけどなどをしないような「安全管理」と、食中毒などを予防するための食材や調理器具の「衛生管理」です。
　事前の準備段階として、実習で使う道具を再点検しておきます。コンロの火はきちんとつくか、ゴム管にヒビは入っていないか、鍋やフライパンは取っ手や柄が緩んでいないか、包丁は錆びたり欠けたりしていないかなど、使用する用具は少なくとも調理実習の数日前には必ず点検しておきましょう。
　衛生管理では、まな板や食器などは事前に熱湯消毒やアルコール消毒などをしておきます。また食中毒を予防するために、食材の扱いには特に注意が必要となります。傷みやすい食材を使う場合は冷蔵庫でしっかりと保管しておき、長期間外に出しっぱなしにならないように気をつけましょう。

◆児童の衛生管理指導のポイント

　小学校の家庭科では、調理に必要な用具の安全で衛生的な取り扱いも学習の重要なねらいの一つとなっています。
　調理実習を行う際には、児童が衛生面での意識を高める指導をしっかりと行うことが求められます。また、衛生面での指導は食中毒の予防にもつながりますので、気を緩めることなく取り組みましょう。大きくは、次のような点に注意するように、児童に指導しておきましょう。
〈事前の準備〉
• 爪をきちんと切っておく。

- 服装を整える（エプロン、三角巾、マスク）。
- 調理実習用の手拭きタオル（日常使うものと分ける）
- 保護者に、当日の児童の健康状態を確認するように依頼。
〈調理実習時〉
- 実習前に手洗いをし、アルコール消毒を行う。
- 使用する器具類、作業台、まな板、包丁など、食品と接する用具は洗浄、消毒をしてから使用する。
- 加熱をするものは、しっかりと火を通す。
〈調理後〉
- 調理した食品は室温に放置しないようにし、すみやかに喫食する。
- 残食は持ち帰らず、処分する。

◆衛生管理の工夫

　家庭での調理と異なり、学校で行われる調理実習では児童も慣れない環境や道具を使うため、衛生面での気配りがどうしても希薄になります。なるべくわかりやすい環境を整えることで、衛生面での不安を取り除けるように教師も心配りをしたいものです。

　たとえば調理実習で使う食器ふき用の布巾と台拭きは、児童にとって使い分けが難しいものの一つです。「白が布巾、赤が台拭き」というように色分けしておくと、みんなが布巾と台拭きの違いを認識しやすくなり、台拭きで食器を拭いてしまったり、布巾でテーブルを拭いてしまったりすることを避けることができ、衛生面で安心です。

　調理実習で出るゴミの処理も、気をつけたい部分です。特に生ごみは放置すると悪臭が出たり、雑菌が発生したりしやすくなりますので、毎回授業終了時には必ず処分しましょう。生ごみの処分用には、新聞に入っている広告などを箱型に折ってごみ入れを作り、各グループに配っておくと、水分を吸収して処分する際にも扱いやすいのでおすすめです。

◆包丁の取り扱い

　調理に包丁は欠かすことはできませんが、取り扱いに慣れていない児童は少なくありません。また、多くの児童が同じ空間の中で一緒に包丁を使う調理実習では、その取り扱いには十分に注意を払う必要があります。

　包丁を、児童が勝手に持ち歩いたりすることがないよう、しっかりと管理方法を決めておきます。家庭科室に保管する場合は、必ず鍵のかかる場所にしまい、鍵の管理

もしっかりします。また、紛失することがないように、包丁の柄などに番号を付け、調理実習後には必ず数を確認してから保管します。

　調理実習の際には必ず教師が保管場所から出して、各グループの調理台に包丁を配ります。児童に取りに来させたり、包丁を手にしたまま移動したりしないように気をつけましょう。

　調理中はわき見などをしないで十分に注意しながら包丁を扱うこと、使用しないときは調理台の隅に置くと落としてしまうことがあるので中央部に置くこと、人に刃先を向けないことなど、包丁の取り扱いには特に気をつけるよう授業の最初に指導をしておきましょう。

　調理終了後は、教師が包丁を集め、数を確認して、鍵のついた場所に保管します。

◆加熱用調理器具の取り扱い

　ガスコンロを扱う場合は、周囲にノートや教科書、ビニールなどの燃えやすいものは置いていないかを確認します。できれば教科書やノートは調理台には置かず、作業の手順を見ながら作業したい場合はカードを作成して調理台の上からぶら下げるような工夫をすると良いでしょう。また、実習中は換気に十分に注意し、使用後にはガス栓の閉め忘れはないかを確認しましょう。

　IHクッキングヒーターを使う場合は、気づかない間に鍋が熱くなっていることもあるので、鍋の熱さに気づかずにやけどをするなどに注意が必要です。また使用後にはきちんと電源を切っているかどうかを確認するようにします。火がついている間は離れない、熱い鍋の周りでふざけないなど、児童には危険があることを伝え、正しく行動するように指導します。

◆アレルギー児童への配慮

　調理実習では、できるだけアレルゲンとなる食材は使用しないことを原則とします。近年は、卵を使った調理実習も減少する傾向にあります。アレルギー対策としては、必ず調理実習の前に、クラスに食物アレルギーの児童がいないかを確認しておきます。事前にアンケートをとり、保護者、養護教諭、栄養教諭と情報を共有し、事故防止に努めます。

　食物アレルギーの児童がいる場合には、材料にアレルギーの原因となる物質が含まれていないか、調理器具などに付着していないか確認が必要となります。特に、児童が家庭から材料を持ち寄る場合には、その食材が他の児童に影響はないかにもしっかりと気を配るようにします。

◆サポーターを募る

　調理実習では児童たちが各自で調理を行うため、一人の教師だけでは、なかなか目が届かないこともあります。包丁を使ったり火を扱ったりすることもあり、けがややけどの危険性を排除するためにも、担当教師以外の大人の援助があれば助かります。できれば1グループに1人程度、目の届く大人がいることが理想です。

　調理実習の日程が決まったら、他の教師や栄養士などに声掛けして、支援を依頼するのも一つの方法でしょう。

　教師間ではなかなか融通がつかない場合には、保護者の方にお願いするという選択もあります。家庭便りなどを通じて、調理実習のお手伝いをお願いしてみましょう。子どもが調理する様子が見たいなどという保護者の方もいて、意外と積極的に参加してくれることが多いようです。

◆実験調理のいろいろ

ビタミンＣを探してみよう

〈はじめに〉

　野菜には、ビタミン、ミネラル、食物繊維などがたくさん含まれています。風邪を引きにくくなったり、皮膚が元気になったりするといわれているビタミンＣが、どのような食べ物に、どれくらい入っているかを調べることで、食べ物に含まれる栄養素について関心や理解を深めます。

〈実験のやり方〉

1．500ミリリットルのペットボトルに水をいっぱいに入れ、うがい薬（イソジン）を50滴くらい（薄く茶色い色がつく程度）垂らし、試薬をつくる。
2．透明なコップの半分くらいまで1の試薬を入れる。
3．調べたいものの汁を作ります。レモンやミカンは切ってぎゅっと絞ります。野菜はおろし金でおろすか、細かく刻んで絞ります。
4．試薬を入れたコップにレモン汁やジュース、野菜を絞った液、調味料など、調べたい食べ物の液を1滴ずつ加えていく。
5．何滴目でイソジンの茶色い色が消えたかを記録する。

〈結果をまとめる〉

　消えるまでの滴下数が少ないほど、たくさんのビタミンが含まれているといえます。実験結果をもとに、ビタミンＣが多かった食べ物のランキングを作ってみましょう。色の変化を撮った写真を一緒に貼ったりして、レポートにまとめてみましょう。

★いろいろなくだもの・野菜で試してみよう！

　　レモン……6滴　　　イチゴ……2滴　　　キウイフルーツ……1滴
　　リンゴ……8滴　　　キャベツ……4滴　　　小松菜……3滴

　レモンよりもイチゴやキウイフルーツの方がビタミンＣが多く含まれていることがわかります。また、野菜にもたくさんのビタミンＣが含まれていることもわかりました。

朝ごはんに必要な野菜の量を考えてみよう

〈はじめに〉

　毎日、朝ごはんを食べることや、野菜をきちんと摂ることは、健康な毎日を過ごすためにとても大切なことです。野菜の働きを理解し、児童が自ら実践して積極的にしっかりと食事ができるように、野菜の大切さを共に考えます。

〈実験のやり方〉

１．朝食で摂りたい野菜の量を知る。
　　　色のうすい野菜（淡色野菜）……80グラム
　　　色の濃い野菜（緑黄色野菜）……40グラム
　　　　合わせて120グラム
２．実際に野菜の量を計ってみよう。
３．毎朝の食事で、なるべく摂りたい野菜の量を理解する。

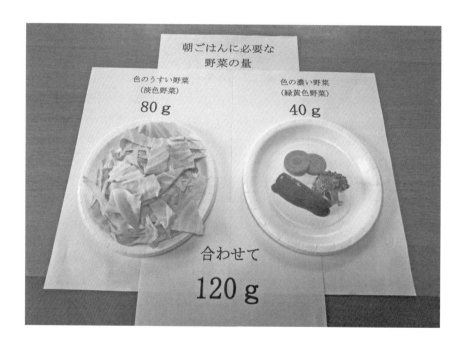

★調理を工夫してみよう

　　生のまま……野菜の味がわかる
　　炒める………小さくなって食べやすい。やわらかくなって食べやすい
　　ゆでる………さっぱりして食べやすい。小さくなって食べやすい。やわらかくなって食べやすい。色がきれいになる。

野菜を新鮮に保つには

〈はじめに〉

　野菜は時間が経つと味がおいしくなくなったり、栄養が落ちたりします。野菜は時間が経つとどのように変化してしまうか、新鮮に保つにはどうしたらいいかを、実際に野菜を使った実験で試します。

〈実験のやり方〉

１．キャベツをざく切りにして、100グラムずつ二つのお皿に分ける。

２．一方のお皿にだけラップをかけ、両方のお皿を冷蔵庫で保存する。

３．1週間後、新しく切ったキャベツと、冷蔵庫で保存していたキャベツを比べる。

〈結果をまとめる〉

切ったばかりのもの	みずみずしく、色もきれい
ラップをかけず冷蔵庫で1週間経ったもの	水分が失われて、しおれている
ラップをかけて冷蔵庫で1週間経ったもの	はりがあるが、色は白っぽくなっている

題材：気温や季節に合った衣服の着方を考えよう

（4）衣服の着用と手入れ

■題材の目標
（1）自分の衣服に関心をもち、季節や用途に応じた衣生活を工夫できる。
（2）暖かい着方について、形、色、布などの組み合わせの観点から、実験で確かめたり、資料を読み取ったりして考えることができる。
（3）暖かい着方について調べ、適切に衣服を選び、着用することができる。
（4）健康的で暖かい着方（形、色、布などの組み合わせ）を理解することができる。

■題材について
　子どもたちは流行の衣服に関心はあっても、季節や温度変化、生活の場面に応じた快適な着方を考え、工夫するということまでには至らない。そこで本題材では、自然や環境に調和した「着る暮らし」のあり方を考えることができるようにしたい。

　指導にあたっては、衣服を着用する意味や着替える理由を話し合ったり、動作による体の動きを観察したりするなど、衣服の働きについて、日常生活と関連させて理解できるように配慮する。また子どもたちが主体的に考えた方法を科学的に実証したり、図書やインターネットで調べたりすることで、より具体的に衣服の着方について理解できるように支援する。

　我が国は四季の変化に富むことから、年間を通して快適な生活を送るために、寒さ（本時）だけでなく暑さにも対処できるように、この題材で習得したことを応用し、子どもたちが主体的に気温や季節に合ったワードローブで衣服の着方を考えることができるようにしたい。

■自己学習力の育成について
（1）課題解決に向けて積極的に取り組むための工夫
　衣服に使われている布地の要素（色・形・通気性・静電気の起こりやすさ）や、衣服を着る工夫（重ね着・小物使い）などの視点に分かれて研究を進める。その後にワークショップを行って知識を共有し合うことで、新しい見方や考え方が生まれ、子どもたちが積極的に課題を解決しようとする意欲につながっていく。

（2）知識・技能のよりよい伝達方法を考え、他者評価を得る工夫
　実物の衣服を用いて、視覚的に伝えやすくしたり、科学的な実験や信頼性のある資

料や絵・図・写真・グラフなどを用いたりして、より具体的な説明をしやすくすることで、自分の中に身についた知識や技術を伝えやすくする方法を身につける。

（3）成長した自分を自覚できる工夫

　各授業の終わりに「モジュールシート」を使って振り返りを行う。「～のことがわかった」「～ことが大切だと思う」「～ことに興味や関心を持ち、驚いた」など、その時の考え方を毎時間ごとに見える化することで、自分の成長の跡を感じ取れるようにする。

■学習計画（全体）4時間

	学習活動	指導上のポイント
事前	衣服についてのアンケートを行い、衣服の機能や目的に応じた着方について考えることができるようにしておく。	• 衣服の役割や暖かく着るための工夫を、家族に聞いておくようにする。
1時間目	衣服の役割や機能について話し合う。	
2時間目	衣服の暖かい着方について考える。 • 暖かい着方について、同じ考え方のグループに分かれる。 • グループごとに、調べたい事柄の実験方法を考えたり、調べたりする。	• 暖かい着方について、新たに考えることができるようにする。 • ワークシートを工夫し、気づきや疑問点を発見し、広げたり深めたりできるようにしておく。
3時間目	『暖かい衣服の着方を考える』〜ワークショップ〜 ※次ページ参照	
4時間目	暖かい衣服の着方について、自分なりにわかったことをまとめる。	• 他班の発表を聞いて、良いところを参考にし、よりよい学習につなげる。

指導の流れ

　衣服についての関心を高める。（家庭）⇒衣服の役割や機能について考える。⇒衣服の暖かい着方について考える。⇒衣服を暖かく着るための実験方法を考える。⇒発表をする。⇒他班の意見も参考にしながら、よりよい衣服の着方について考えられるようになる。

学習計画／3時間目『暖かい衣服の着方を考える』－ワークショップ－

■本時の目標

　暖かい衣服の着方について、ワークショップの活動を通して、適切な衣服の着方について考え合うことができる。

時間（分）	過程	主な学習活動と子どもの意識の流れ	教師の支援
5	構え	**発表の準備ができているかを確認する。** ・衣服の材料の色や形による暖かさの違いはあると思うけど、どんな衣服が一番いいかな。 ・重ね着の効果はどうだろう。多く着るほど、やっぱり暖かいのかな。 ・フリースは暖かいけど、静電気は大丈夫かな。 ・実験結果や調べたことをわかりやすく説明していこう。	説明に必要なものを確認する。 聞き手がよくわかるように、図や表に表したり、レポートに書いたりするように助言しておく。
20	自主	**説明側と聞き手側に分かれて活動する。** わかったことを、聞き取ったりまとめたりしていこう。そしてよくわかったことや驚いたこと、初めて知ったことを知らせよう。 ↓ ・衣服の形は… ・空気の層は… ・色合いは… ・通気性は… ・静電気は… ・その他は…	自班の暖かい衣服の選び方が他班によくわかるように、実物の衣服や「衣服アドバイザーカード」を用意し、上手く活用できるように助言する。 感想が書けるように、付箋を準備し、書くべき内容の観点を示しておく。

| 15 | 協同 | グループ間で相互評価し合い、話し合う。
暖かく着るために、考えるべきことはどんなことかな。
• 色……暖色がいい。コートなど一番外側に着るものに使うのがいい。コーディネイトも考える。
• 形……長いものが暖かい。
• 重ね着……何枚くらいがよいかな。
• 小物……工夫して使いたい。 | 自分たちの考えと他班から学んだ考え方を組み合わせて、暖かい衣服の着方について考えを深められるように「自分の成長モジュールシート」を用意する。

【評価】知識・技能
衣服の主な働きがわかり、季節や状況に応じた日常着の快適な着方について理解している。 |
| 5 | 発展 | 暖かい衣服の選び方について、大切な点をまとめる。
暖かい衣服の着方がわかった。夏の衣服の着方も考えられないかな。 | 【評価】思考・判断・表現
日常着の快適な着方を考え、工夫することができる。 |

■指導上の注意点

• 服の形や重ね着・布地の色の違いなどで、実際に実験をする設定場面で、条件設定におかしい所や誤りはないか、点検できるようにし、追究活動がスムーズに行えるようにする。

• 科学的に捉えられるように、実際に暖かい着方をして、体温計で計ったり、布地の温度による吸収率を温度計の変化により計測したりする。

• 各班は、データを工夫してまとめ、わかったことをわかりやすく、表やグラフに表し、プレゼンテーションができるようにする。

【児童の声】

★重ね着は何枚が暖かいかの実験をしました。1まい、2まい、3まい、4まいの重ね着で温度をはかると、やっぱり5まいがいちばん暖かかったです。

★色のことについて実験し、青と黄、紺とうす黄色では、こい色が暖かく、うすい色の温度は比べると低かったです。

★衣服の材料にはいろいろな種類があることを知ることができました。とても良かったです。

題材：How to wash 自分流

（4）衣服の着用と手入れ

■題材の目標

（1）日常着のよりよい洗濯方法を考え、洗濯実習を行うことを通して、課題発見力や学習構想力・自己評価力を身につけることができるようにする。

（2）自分の衣類に関心を持ち、品質表示や取り扱い絵表示を見て、材質や汚れに応じた洗濯の仕方を工夫してできるようにする。

（3）環境を考えた日常着の手入れを生活の中で実践できるようにする。

■題材について

　現代の子どもたちは衣服の流行に敏感に反応しているが、衣生活全体を見ると、「自分の好きな服を選ぶ」という以外は、ほとんど保護者に任せている。特に衣服の管理や保管については、無頓着である児童が多い。しかしながら今日の衣生活の状況をみると、家庭内における衣服の仕事は、衣服の管理・保管面が中心となってくる。特に夏場の日常着において、簡単な衣服の手入れができることは、快適で健康な生活をしていく上で必要なことである。

　本題材では、日常着の手入れとして布地の種類や汚れの付き方の違いに着目しながら、布地の汚れに応じた洗い方を理解できるようにし、簡単な日常着などの洗濯ができるようにすることをねらいとしている。

　ほとんどの児童は手洗いで洗濯をした経験はないため、洗濯実習では綿密な計画が必要である。身支度に始まって、洗う前の点検、自分たちの日常着の汚れに応じた用具や洗剤の準備、洗い方、すすぎ方、絞り方、脱水の仕方、干し方などの基本的な洗濯実習の計画案を立てたい。

■自己学習力の育成について

（1）学習意欲を高めるための工夫

　自分の洗濯の経験を振り返ることで、家庭での自分の役割や衣生活を見つめ直し、日常着への関心をもたせ、追究が持続できるようにする。

（2）学習構想力を伸ばすための工夫

　自分の役割分担を遂行することで、積極的に実習に取り組むようにする。また、家の人に聞いたことや調べたことから自分の学習課題をもって、計画的に学習できるよ

うに指導を行う。

（3）自己評価力を高めるための工夫

　自らの学びやポートフォリオをもとに振り返り、自己の変容を感じることができるように支援する。

■学習計画（全体）3時間

	学習活動	指導上のポイント
1時間目	**衣服を気持ちよく着るにはどうすればよいかを考え、洗濯に必要なことを調べる。** • 衣類の汚れを調べて、わかったことを発表する。 • 品質表示や取り扱い絵表示の読み取り方を調べる。 • 布の種類別に、適した洗剤の種類・量、水の量について調べる。	• 自分の日常着を持ち寄り、手入れの仕方を具体的に考えられるようにする。 • 洗濯についてわからないこと、疑問に思っていることを書けるようにワークシートを工夫する。
2時間目	**『自分たちの日常着を洗濯してみよう』** ※次ページを参照	
3時間目	**洗濯の実習のまとめをする。** • 学習を振り返り、洗濯ハンドブックを作り、家庭での実践においての参考書とする。	• 洗濯ハンドブックを作ることで、家庭での実践を促す一助とする。

指導の流れ

　衣服を気持ちよく着るために必要なことを考える。⇒洗濯に必要なことを考え、衣服を洗濯するために必要なことを調べる。⇒洗濯の実習をする。⇒家庭でも洗濯しようという意欲を育む。

学習計画／2時間目『自分たちの日常着を洗濯してみよう』－実習－

■本時の目標
　実習計画に従って実習することを通して、日常着の汚れに応じた洗い方の手順を理解し、洗濯の仕方を工夫することができる。

時間 (分)	過程	主な学習活動と子どもの意識の流れ	教師の支援
5	構え	**前時までの学習を振り返り、学習課題を確認する。** ・洗濯実習をする日常着と洗い方の確認をしよう。	計画案に明示した掲示物を用意し、前時までの学習を想起できるようにする。
25	自主	**計画に従って、洗濯実習を行う。** ・思ったより、早く汚れが落ちたよ。 ・シミが広がってしまった。 ・つけ置き洗いをすると汚れが落ちやすいよ。 ・襟汚れの落とし方がわかったよ。	それぞれのグループの課題について、解決できるように個別指導していく。
10	協同	**洗濯実習をしてわかったこと、工夫したことや新たな疑問点などについて意見交換を行う。** ・こんな工夫をしたら、うまく汚れを落とせたよ。 ・つけ置き洗いはよかった。 ・○○の汚れには、○○洗剤はよくなかった。 ・汚れを上手に落とすことができなかった。	それぞれのグループが、確認しあえるように、わかりやすい表示の工夫をする。 【評価】知識・技能 日常着の手入れが必要であることや、洗濯の仕方を理解し、適切に手入れをすることができる。
5	発展	**次時の活動についての見通しを持つ。** ・自分自身で考えた方法で、洗濯実習をすることができたよ。 ・今日の記録をまとめて、洗濯ハンドブックにしよう。 ・帰ったら、家族に汚れ物がないかを聞いて、洗濯しよう。	洗濯ハンドブック「How to wash 自分流」の製作予定を伝え、家庭での実践を促す。 【評価】思考・判断・表現 日常着の手入れの仕方を考え、工夫することができる。

■指導上の注意点

- 児童が日常着の汚れを想定し、落としてみたい汚れの追究活動を設定している。下記のワークシートにしたがって、基本的な洗濯の仕方を先に学習して行うようにする。
- 洗濯の工夫点として、洗濯板やブラシの使用、つけ置き洗いや手洗いの仕方のいろいろと各児童が試みた方法を共通理解できるようにする。
- 授業で行った実習を「洗濯ハンドブック」にまとめ、各家庭に持ち帰るとともに、家庭科通信でも授業の様子を知らせて家庭での実践ができるようにする。

『How to wash 自分流』のワークシート例

How to Wash 自分流 洗濯実習計画案		についての 洗濯の工夫点			
洗濯物	主な汚れの落とし方・ 主に使う洗濯用品など				
主な汚れ（図と）	作業時間				
	作業の順序	1 洗う（しぼる）	2 すすぐ	3 しぼる	4 干す
	手順メモ ⇨	⇨	⇨	⇨	
洗濯物の重さ					
水の量					
洗剤の種類と量	結果メモ				
メンバーの名前					

題材：ハンドパワーで作ろう！　生活便利グッズ

（5）生活を豊かにするための布を用いた製作

━━━━━━━━━━━━━━━━━━━━━━━━━━━━━━━━━━━━━━━

■題材の目標

（１）家族の生活に役立つ物の製作を通して、家族を思う心情を高め、問題発見力や
　　自己評価力などの自己学習力を身につけることができるようにする。

（２）不用品となっている物の再利用や活用する楽しさがわかり、家族の生活に役立
　　つ物の製作計画を立てることができるようにする。

（３）布を用いて、製作しようとする物について考え、採寸の仕方、裁ち方、縫い方
　　等を、目的に応じた簡単な方法で、製作できるようにする。

（４）製作したものが、家族の生活を快適にしたり、心にうるおいを持たせたりする
　　ことがわかり、これからの生活の中で実践できるようにする。

■題材について

　家族とのかかわりにおいて、その一員としてよりよい生活を営み、楽しもうとする
想像力や子ども自身が持っている感性を呼び覚まし、自身の家庭に必要なものを一工
夫して製作することをねらいとしている。

　子どもが自ら自分の家族の生活に役立つ物を考え、作るものを決定することで、意
欲的に学習に取り組むようになる。その際に、「お父さん、お母さんに使ってもらい
たい」「妹や弟に使ってもらいたい」など、家族とのかかわりを考えて作る物を決め
ると、さらに学習意欲が高まり、自分なりの創意工夫をし、楽しみながら製作ができ
ると考えられる。

　製作の過程を通じては、その過程や完成作品に家族からの一言をいただくことで、
物を作り出す喜びや家族とのふれあいを大切に考えさせたい。

■自己学習力の育成について

（１）問題発見力を育むための工夫

「こんなものがあったら便利だ」とアイデアを思いつくような図書や資料の提示を
行ったり、「作ってみたい」「自分にもできそうだ」と思えるような見本を示したりす
ることで、子どもたちが生活に役立つ便利な物の製作を意欲的に考えられるように工
夫する。

（２）失敗を自ら考えて修正できる学習構想力を身につける工夫

　製作しやすいように製作計画表を作成し、製作のめあてや計画を実践した後の振り返りを記入するようにした。製作中に行き詰まったり、失敗したりしたときに、計画を立て直し、その経験を次の学習にも生かそうとする姿勢を育めるようにする。

（３）自己評価力を高める工夫

　自己の学びを振り返り、自己に対する見方や考え方の変容を見つめ直し、友だちの成果にも触れながら、自己の考え方・感じ方と比べ、自己を正しく評価できるようにする。

■学習計画（全体）４時間

	学習活動	指導上のポイント
事前	家族の生活に役立つ物を探してみよう。	家庭で便利小物類を探し、生活に役立っていることに気づく。
１時間目	**生活の中に、こんな物があったらいいなと思う物を考え、「生活便利グッズ」の製作計画を立てる。** •「生活に役立っている物調べ」を参考に、本や資料で調べたりして、製作するものを決定する。 •家庭で不要になっている布を持ち寄り、それらを活用して設計図に表す。	製作物は、その目的を明らかにして、計画段階で無理のないものを選べるように配慮する。 時間内に完成し、作る意欲が湧くように、参考作品を作って説明する。
２・３時間目	**「生活便利グッズ」を製作する。** •型紙を作り、布を裁断し、印を付ける。 •ミシン縫いや手縫いで製作する。 •模様をつけたり、付属品をつけたりして、仕上げをする。	手縫いやミシン縫いのポイントになるところは製作見本を作り、参考になるよう提示しておく。
４時間目	**発表『私の生活便利グッズの魅力を伝えよう』** ※次ページ参照	

指導の流れ

　家庭にある生活便利グッズを探す。⇒自分で作る生活便利グッズを考える。⇒製作計画を立て、製作する。⇒製作したものを自己評価する。⇒発表する。

学習計画／4時間目『私の生活便利グッズの魅力を伝えよう』

■本時の目標
「生活便利グッズ」の使用後、自分や家族の感想を発表し合ったり、友だちの作品の工夫点に気づき合ったりして、家族のために生活をよりよくしようとする意欲を高めることができる。

時間 (分)	過程	主な学習活動と子どもの意識の流れ	教師の支援
5	構え	本時のめあてを確認する。	テーマ別にグループに分け、自分とよく似た考えや、意外な考えに気づきやすくする。
25	自主	家庭での使用の様子を書いたものをテーマ別に読み合い、テーマ別グループ内で相互評価を行う。 ・アイデアカードに記入する。 ・自分の改善点を知る。	アイデアカードには、アドバイス的なことばかりでなく、感心したところや良いところを必ず入れるよう促す。 一人ひとりのめあてが達成できるように、様子を見守り、適切な言葉かけや援助をする。 【評価】知識・技能 製作に必要な材料や手順がわかり、製作計画について理解している。
10	協同	振り返ったことを発表し合い、家族の思いに気づいたり、自分の製作の改善点を明らかにしたりする。 ・家族の思いに気づく。 ・友だちの工夫を知る。 ・改善したらいいなと思ったところを発表する。	友だちがどんな作品を製作したのかがわかるように示し、その気づきが自分の参考になるよう支援する。 家族の思いを自分なりに推し量れるよう助言する。 よい思いつきや苦労した点を認め、励ます。 【評価】思考・判断・表現 生活を豊かにするために、布を用いた物の製作計画を考え、製作を工夫することができる

| 5 | 発展 | **製作を通して考えたことを発表する。** | これからも製作しようとする意欲が高まるように励ます。必要なところは、メモをしたり、質問をしたりするように助言する。 |

■指導上の注意点

- 自分の生活を見渡して、生活の中に「あったらいいな」と思う物で、布を用いてできるグッズを考えることができるように、前もって話をしておくようにする。その際の手がかりとして、家族にもインタビューして、家族の思いも参考にして便利グッズを考えられるようにしたい。
- 「生活便利グッズ」の発表にあたり、使ってみての感想や、テーマ別に工夫した点などを相互評価ができるように、前もってグループ分けしておく。
- 製作のきっかけや製作後の自分や家族の感想を振り返ることで、改善点や次に作りたいアイデアグッズを考えられるようにする。

【その他の題材・実践例】

題材名：『ミシンで作ろう。わたしのオリジナルグッズ』

　近年、縫製品のほとんどが既製品となっており、家の人を見習って子どもたちがミシンを動かす機会はほとんどないのが現状である。このような実態から、児童に物を製作する楽しみや喜び、達成感を感じさせることは大切である。ミシンについての先入観や不安を取り除き、製作する楽しさを味わわせながら基礎的な技能を習得できるようにすることが、この題材の目的となる。基礎的な技能を身につけ、それを活用してオリジナル作品を作ることに喜びを見出し、家庭生活を向上させる能力や態度を育てたい。

　さらにミシン縫いの指導では、機械を安全に正確に操作できることも、目標としたい。

```
********************************
```

指導のコツとアイデア③　－衣生活編－

```
********************************
```

　布を使った作品の製作には、自分で工夫して作る楽しみや、頑張ってひとつの作品を完成させる喜びがあります。ただし製作実習では、ミシンを動かしたり、針やハサミを使ったりするため、指導には注意が必要です。安全に楽しく活動できるよう、気をつけたい指導のポイントをまとめました。

◆用具の安全な取り扱い

　製作実習では、児童が一人ずつ針や糸を使って製作を行うため、道具の紛失が多くみられます。用具を安全に取り扱うためには、どのような注意が必要でしょうか。
　実習を行う授業では、学習で必要な用具のみを机上に準備するようにします。机上を整理することで、道具の紛失を防ぐことができます。特に針は紛失しやすく、落としたまま放置すると危険なので、なくなったらすぐに気づき、探せることが大切です。授業の最初に針の数を数え、授業終了時に同じ本数があるかを確認するように習慣づけるようにします。チェックシートを作って記入させたり、ペアで使用前後の針などの用具の数を確認し合ったりすることも有効です。
　また、家庭科室で行う製作の学習では、児童同士の距離が近くなってしまうことも考えられます。特に危険なのが、針を持った手を伸ばして、隣の児童を傷つけてしまうことです。誤ってそのような針の事故が起きないように、適切な糸の長さの目安を指導して、長すぎる糸を使って児童がケガすることのないように気をつけます。

◆ミシン指導のポイント

　学習指導要領では「手縫いやミシン縫いによる目的に応じた縫い方及び用具の安全な取り扱いについて理解し、適切にできること」を身につけるよう求めています。しかしミシンを見たことがない、触ったことがないという児童が多い現状では、指導にも工夫が必要です。
　ミシンを使う実習では、基本的には次のような段階で進めていきます。
①　ミシンの使い方1　……　上糸のかけ方

② ミシンの使い方2 ……　下糸の巻き方、引き出し方
③ ミシンの使い方3 ……　直線縫い（縫いはじめと縫い終わりの始末の仕方、角の曲がり方）
④ ミシンの使い方4 ……　上糸の調節、縫い目の大きさの変更

〈授業展開上の支援〉

　これまでのミシン縫いの経験の有無や関心度を事前に調査し、学校のミシンの種類や保有数と合わせてグループを組みます。その際に次のような学習形態を考えます。
A) ミシン縫いの経験の有無によるグループ作り
　　a　ミシン縫いの経験のある者とない者に分ける
　　b　ミシン縫いの経験のある者とない者を同じグループにする
B) ミシン縫いでアドバイスができる箇所別にグループ作り
C) 縫ってみたいもの別のグループ作り

　A－aは、ミシン縫いと手縫いの違いやミシン各部の名称などの全般的な学習の時に編成します。A－bは一連のミシン縫いの技術を学習するときに編成します。
　Bは、ミシン縫いの流れの中で、友だちに教えることのできる箇所や研究してみたい箇所を選び、それらを教え合う時間としてもちます。
　基礎的・基本的なミシンの縫い方をマスターした後は、Cの形態のように製作したいものが同じ者同士が同じ班になり、製作手順や製作方法に関して相談しやすい場づくりを行うと良いでしょう。
　工夫したワークシートとしては、毎時間の技術面の学習において、「ミシンの練習進度表」を用いて、針のつけ方・上糸のかけ方・下糸の巻き方・返し縫いなど、段階別にそれぞれの技能の習熟度を確かめるために活用します。またこのワークシートに従えば、自分がどの段階を練習すべきかを考えて実習することができます。

ミシンアンケートの例

ミシンアンケート　　　　　5年　　　組　　　番　名前　_____

1．家に使用できるミシンはありますか。　ア　ある　　　イ　ない
2．ミシンを使用したことがありますか。　ア　何度も使用し、うまく使える。
　イ　何度か使用したがあまりうまくはない。ウ　一度ある。エ　一度もない。

1でアあると答えた人に聞きます

3．家の人は、ミシンをどのくらい使用していますか。（この二ヶ月で）
　ア　頻繁に使っている。
　イ　多少は使用している。
　ウ　使用していない。
4．ミシンに興味はありますか。また、その理由を書きましょう。
　ア　大いにあり、自由に縫えるようになりたい。
　イ　興味はあるが、うまく使えるか不安である。
　【理由】

　ウ　あまり興味がない。
5．ミシン（直線縫い）で、縫ってみたいものは、次のどれですか。
　エプロン　コースター　ランチョンマット　布巾　その他（　　　　　　）

ミシンの練習進度表のワークシート例

ミシンの練習進度表　　5年　　組　　番名前

	ゾーン	段階	学習すること	月 日						
動かし方	0	1	コードをつなぐ。							
		2	ためし縫いをする。							
針	①	3	針をつける。							
糸	①	4	上糸をかける。下糸を出す。							
直線縫い	② ③	5	返し縫い（縫い始め、縫い終わりをする。）							
	④	6	ひきつりはないか、糸調子をみて縫う。							
	⑤	7	ひきつりはないか、縫い目の大きさを考えて縫う。							
	⑥	8	直角に方向をかえて縫う。 スピードに気をつける。							
下糸	⑦	9	下糸を巻く。 下糸を付ける。							
	⑧	10	下糸を巻く。 下糸を付ける。							

A　友達に教えることができる　A　（自分では）よくできる　B　少し苦労する　C　とても苦労する

◆実験のいろいろ

布の色の違いで暖かさを比べてみよう

〈はじめに〉

　冬は暗い色の洋服を着ている人が多く、夏は白っぽい服を着ている人が多いのはなぜでしょう。洋服の色によって暑さや寒さが変わるのかを実験によって調べます。色がもつ働きを理解することで、暑い季節や寒い季節でも衣服を上手に選び、涼しくなったり暖かくなったりとコントロールすることができます。

〈実験のやり方〉

1．三角フラスコを3個と、同じ素材の布を白・黄・黒の3色、用意します。
2．それぞれの三角フラスコに体温に近い37度のお湯を入れ、色の異なる布を巻き、中央に棒温度計を差します。
3．日の当たる場所に並べ、10分ごとに温度がどれくらい変化するかを見ます。

〈結果をまとめる〉

　布の色の違いによって、太陽の光で温まる温度が異なることがわかります。色の放射熱の吸収割合は黒が一番高く、次に黄、白の順番になります。

　この実験の結果から、冬は黒っぽい洋服が暖かく、夏は白っぽい洋服を着ると涼しいことがわかりました。

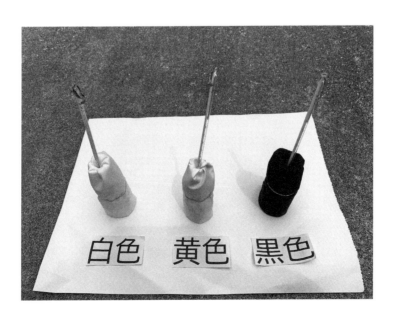

題材：作ろう！　高齢者にも優しいさわやかライフ

（6）快適な住まい方

■題材の目標

（1）高齢者にとっても優しい生活環境を整えるために、自分で課題を見つけて取り組めるようにする。

（2）課題を調べるために、必要な資料、調べ方を多方面から考え、計画を立て、実践したことをわかりやすくまとめることができるようにする。

（3）室内を快適にする方法や工夫の仕方を理解できるようにし、自分の住生活を考え、学んだことを生かして実践していけるようにする。

■題材について

　与えられた住まいや環境の中で、よりよい住まい方を追究していく過程で、望ましい家族関係や人間関係を大切にする暮らしについて学習する。高齢者にとって居心地のよい生活を視野に入れた住環境について考えることは、ユニバーサルデザインとしてすべての人にとって良い環境となる。

　高齢者についての住環境を考えることは、これからさらに高齢化がすすむ社会において、大いに必要性があると思われる。住まいを単なる器として捉えるのではなく、家族の生活をより快適にと願う心、それに支えられて生み出された技術、及び生活の仕方に目を向け、工夫しながら生活していこうとする力を身につけさせたい。

■自己学習力の育成について

（1）実践的・体験的学習の場を設定

　身近な実験・観察の実施、インタビュー、実物の導入など、多様な活動を行うことで、児童自身が、主体的に実践的・体験的な活動が行えるように工夫をする。

（2）学び合う学習の場を工夫

　CD-ROMの活用、高齢者介護に関しての実際の話を聞くこと、情報交換できる場の設定（プリントセッション）、児童同士が主体的に学び合えるように設定する（ポスターセッション）など、情報交換のしやすい場の工夫をする。

（3）学習の振り返りや学習活動の支援の工夫

　自己評価票（モジュールシート）を活用し、学習を段階的に終わるごとに友だちと

の関わりのなかでわかったことや感心したこと、学習したことへの自分の評価を書き込むことで、次時への学習で行うべきことを明確にすることができる。また、活動にはいろいろな学習活動支援カード（学習カード）を作り、活用する。

（4）家庭との連携
　児童に事前調査を行い、授業前の実態調査を行う。また、保護者にインタビューをして日常生活での工夫点などを聞き、家庭にも協力してもらう。

■学習計画（全体）3時間

	学習活動	指導上のポイント
事前	家庭で、アンケートをとる。	・家庭に学習のめあてを知らせ、協力を依頼する。
1時間目	高齢者にとっても優しい住まい方について、自分の住生活を見直しながら考えてみる。 課題解決のための必要な資料調べやインタビューなどをして、学習方法を考え、追究活動をする。	
2時間目	『高齢者に優しい暮らしを考えてみよう』 ※次ページ参照	
3時間目	情報交換の場を振り返り、自分の家庭生活に生かせることや工夫をまとめる。	

指導の流れ
　家庭では住まいにどのような工夫をしているか家族にアンケートをとる。（家庭）⇒高齢者に優しい住まいを考える。⇒資料を探したり、情報収集を行ったりする。⇒「高齢者に優しいさわやかライフ」をグループで考える。⇒各グループで発表を行う。⇒高齢者の暮らしについて多面的なものの見方ができる。

学習計画／2時間目『高齢者に優しい暮らしを考えてみよう』

■本時の目標

　課題別の班ごとに、それぞれの成果を発表し合うことにより、「高齢者にとっても優しいさわやかライフ」のよりよい方法を学び合い、自分の家庭での実践に役立てるようにする。

時間 （分）	過程	主な学習活動と子どもの意識の流れ	教師の支援
5	構え	前時までの学習を想起し、学習課題を確認する。	手順よく、自分の班の「高齢者にとっても優しいさわやかライフ」についてセッションできるように協力を促す。
5	自主	班で考えた「高齢者にとっても優しいさわやかライフ」計画の工夫点を明らかにする。	紹介したい方法や工夫点をわかりやすく提示するように支援する。 ・個別に見直すように促す。
25	協同	発表側と視聴側に前半・後半の4班ずつに分かれ、児童のそれぞれの考えが互いに情報交換できるように、ポスター、プリントセッションする。	実物を見せたり、実験の様子を確認できるものを提示したりして、具体的に示すことができるように支援する。 ・事前に相互評価カードを各児童に配り、工夫点や取り入れたい点について書き込めるようにする。 【評価】思考・判断・表現 季節の変化に合わせた住まい方について課題を設定し、解決する力を身につけている。
10	発展	本時の活動を振り返り、自分や友だちの活動の良さに気づいたり、認めたりして次時の活動へつなぐ。	モジュールシートへの記入を促し、自分の家庭での実践への意欲をもつことができるようにする。 【評価】知識・技能 住まいの主な働きがわかり、季節の変化に合わせた生活の大切さや住まい方について理解している。

■指導上の注意点

• 涼しくする工夫は、家の人へのインタビューやパソコンなどを使った調べ物で考えられるようにしておく。そのために、事前に家庭への協力依頼の手紙を渡しておく。

• 指導者からも関連資料を提供する。

『高齢者に優しい暮らしを考えてみよう』のワークシート例

温度変化調査
　　　よしずを立てかけてかげをつくった時とよしずを立てかけないで日向の時の気温の変化について。

　　　５月３０日（月）
　午後２：００
　　　　　日向の気温・・・３０．０℃
　午後２：１５
　　　　　よしずを立てかけてかげをつくった
　　　　　かげの気温・・・かわらず、３０．０℃
　午後２：５０
　　　　　気温がかわらなっかたので、もう一度かげではかった。
　　　　　かげをつくると，少し変わった・・・２９．５℃

　　　このようなことから、よしずを立てかけてもすぐには変わらないことがわかった。だが、かげはふいんきてきでもすずしくなり、実際にかげのなかにいると暑いが、風が吹くと、とても涼しくなったことは確かだった。かげを作ることによって**直射日光をさえぎる力が生まれるのです。50分も経てば、０．5度ではある**が、温度が下がった。
　かげを作ることは、気持ちも落ち着き、**快適に過ごすためにもすぐに思い**つき簡単にでき，省エネに役立ちます。

【その他の展開例】

　現代では核家族が増え、祖父母と同居している児童の割合も減ってきている。そのため高齢者の暮らしについてイメージすることは難しいことかもしれない。そこでこのような授業を活用し、地域に暮らす高齢者や児童の祖父母を招待して、「さわやかライフ」を体験してもらう展開も考えられる。招待した高齢者の方たちには、質問をしたり感想などを書いてもらったりと協力をお願いする。児童たちは高齢者の暮らし方について理解が深まり、高齢者を大切にする心や寄り添う気持ちが芽生えてくることを望みたい。

題材：わたしの年末クリーン作戦

（6）快適な住まい方

■題材の目標

（1）住まい方に関心をもち、家庭を美しくする課題を実行するために必要な資料集めや調査を多方面から行い、計画・実行できるようにする。

（2）家庭での掃除について見直すことで、何のために掃除をするのかを考え、掃除することの大切さを理解できるようにする。

（3）環境に配慮して、市販の洗剤をできるだけ使わずに、工夫した方法や道具で掃除ができるようにするとともに、近隣の人々のことも考えるようにする。

（4）よりよい掃除の仕方を発表し合うことで、それぞれの児童がよりよい方法を学び合い、家庭で実践できるようにする。

■題材について

　ほとんどの児童は、家庭でも手伝いとしての掃除の経験があり、漠然とではあるが掃除の仕方や住まいを清潔に保つことの大切さを知っている。子どもたちの日常生活における住まい方への関心（清掃に関すること）を調査してみると、実際の家庭生活の中では、掃除を行っている者の大部分が、自分の部屋の掃除であり、それ以外の掃除をしている児童は少ない。掃除は「めんどうだ」「疲れる」などの理由で、掃除をあまりしていない児童も多い。そこで12月という1年の最終月に合わせ、家庭の大掃除について取り上げた。

　家庭生活を豊かでよりよいものにするには、「自分の生活の快適さが周りの人々にとってどうなのか」「利便性を求めるあまり大切なものをなおざりにしていないか」などを省みる必要がある。自分の生活と近隣の人々の生活環境との調和を考え、子どもたち自身からできることを実践していきたいと考えるものにしたい。

■自己学習力の育成について

（1）「気づき」「感動」する題材構成

　実践的体験的活動から、掃除の必要性に気づき、自身の課題を見つけ、その課題解決に取り組む中で、驚きや発見をし、興味関心のある授業を展開していく。

（2）主体的に学ぶ学習過程の工夫

　自分の生活を見つめ、その中から課題をもち、その課題に自分でどう取り組んでい

くか、どう解決していくかという能力を育てる、問題解決的な学習を取り入れる。

（3）一人ひとりの良さを伸ばす評価と支援の工夫

　多様な評価方法を用い、子どもの学習状況を的確に把握し、個に対応する手立ての工夫をし、指導の改善に生かす。また、子どもたち一人ひとりが学習目標を実現するために、授業の目標を明確にし、適切な支援を行う。

■学習計画（全体）4時間

	学習活動	指導上のポイント
事前	家庭での掃除経験の有無や頻度、掃除方法の伝授の有無など、簡単な予備調査を行う。	児童の興味・関心を大切にしながら、主体的に取り組めるように学習の展開を工夫する。
1時間目	**掃除についてのそれぞれの考えや、掃除することの必要性について考える。** •「掃除」という言葉から受けるイメージを出し合い、掃除に対する考えや必要性について考える。 •教室や家庭科室の汚れを調べ、どんな場所が汚れているかを話し合う。	それぞれの掃除に対する考えを出し合い、一つの方向に考えがまとまるようにする。 •「ブレインストーミングによるKJ法」P.16参照
2時間目	**自分の家を点検し、汚れているところの掃除を計画し、掃除の仕方について考える。** •場所別に班に分かれて、掃除方法や掃除道具を考え、計画をプリント等にまとめる。 •環境に配慮した掃除方法を考え、工夫した道具などを製作し、試し掃除ができるようにする。	それぞれの課題や児童の掃除の経験を考慮して、班編成をしておく。家庭での掃除の工夫点や注意している点を聞き取ってくるようにしておく。
3時間目	**工夫した掃除方法を試してみる。**	
4時間目	**『わたしのクリーン作戦』を発表する。** ※次ページ参照	

指導の流れ

　家庭での掃除について関心をもつ。⇒掃除の必要性について考える。⇒掃除の方法や掃除する道具の工夫を考え、班で話し合う。⇒試し掃除を行う。⇒発表する。⇒家庭でも積極的に掃除を実践できるようにする。

学習計画／4時間目『わたしのクリーン作戦』−ポスターセッション−

■本時の目標

　ポスターセッションの手法で、「わたしのクリーン作戦」についての結果を発表し合う。発表するときには、家の人からのアイデアや自分なりの工夫したところをわかりやすく的確に発表するようにしたい。また、聞く側も他班の発表を聞き、アドバイスや質問、感心したことなどを相互評価カードに記入する。

時間（分）	過程	主な学習活動と子どもの意識の流れ	教師の支援
5	構え	**本時のめあてを確認する。** • 自分たちの家の課題別に、実践した掃除について発表する準備をする。	実地に見たり、体験したりするワークショップ形式の準備の支援。
20	自主	• 流し台は、環境に優しい方法で、気になっている汚れを落としたよ。 • 窓のさん、窓ガラスは、身の回りにある不用品を使って、道具を作った。	各班の発表をワークショップ形式で開き、その方法を共有する。 発表側と視聴側に分かれ、互いに情報交換できるようポスター、プリントセッションの準備をする。
15	協同	流し台班、照明班、台所班、トイレ班などに分かれて工夫して行った掃除について、グループごとに発表する。	あらかじめ相互評価カードを各児童に配っておき、工夫点や取り入れたい点について書き込めるようにしておく。 【評価】知識・技能 住まいの整理・整頓や清掃の仕方を理解し、適切にできている。
5	発展	**感心したことをモジュールシートに書き込もう。**	【評価】思考・判断・表現 季節の変化に合わせた住まい方、整理・整頓や清掃の仕方を考え、快適な住まい方を工夫することができる。

■指導上の注意点

• 試し掃除などをする場所に、危険なことはないか、洗剤の表示などをよく読んで、使い方に気をつけるように指導しておく。
• 掃除を実施する場合には、危険のないようによく児童を観察するようにする。

• 友だちのいろいろなアイデアをしっかりと聞き取ることができるように、ワークシートを工夫する。自分たちの班にも応用できることはないかを考えさせるようにする。

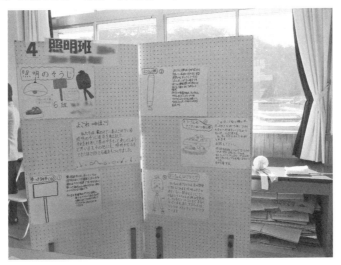

【児童たちの声】

★ 台所の掃除で、重そうやほう酸、軽石など身近で使えるもので油汚れを簡単に落とすことができることがわかったので、ぜひやってみたいです。

★ 掃除を好きになることがとても大切だと感じ、手作りの用具を作りたいと思いました。

★ 台所の汚れが簡単に落とすことができたので、家でもやってみたいと思います。

★ ほこりをきれいに取るにはどのような方法が良いかという問題点がでてきました。ほこりを取る掃除用具や掃除の仕方を考えていきたいと思います。

★ ごみやほこりは、ふだんから自分のまわりにあるとは思えなかったので、少しびっくりしました。汚れに合った落とし方を考えればいいと思いました。

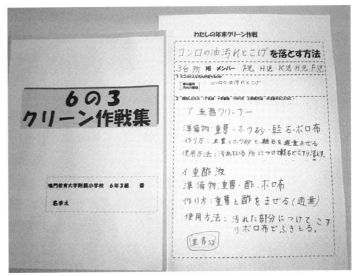

児童が作成した「クリーン作戦ハンドブック」

『私のクリーン作戦』のワークシート例

＜ワークシート例＞

私の家ウオッチング		令和○年　　○月○日
		5 年○組　名前　　○○

場所	汚れの様子	どのように掃除したいか
リビング	○じゅうたんの上のほこり・汚れ	→じゅうたんの汚れを吸い取ったり、拭き取ったりする。
	○置き物の上のほこり	→はたきやモップできれいに。
台所	○流し台の水カビ	→カビを取り除く。
	○換気扇の汚れ	→油汚れを取る。
	○コンロの汚れ	→ほこりと油汚れを取る。
風呂場	○浴そうの汚れ	→浴そうのふち・水アカを取る。
	○タイルの汚れ・目地の汚れ	→水アカを取り除く。
玄関	○敷居の汚れ	→狭い所の土汚れを取り除く。
	○玄関口の汚れ	→土・ほこりの汚れを除去。

『高齢者にも優しいさわやかライフ』のワークシート例

つくろう！高齢者にも優しいさわやかライフ

6年	組	番	名前

　自分の住居に高齢者（65歳以上）が住むと仮定して，快適に冬のくらしができるように考えたいと思います。自分の研究したい場所の希望番号を下から選んで3つ書きましょう。下の場所にない場合は，ケその他を選んで，希望場所を書きましょう。

研究したい希望場所

1	
2	
3	

ア	居間（リビング）	イ	廊下・階段
ウ	台所	エ	客間
オ	寝室	カ	お年寄りの部屋
キ	庭	ク	お風呂
ケ	その他		

＊＊＊＊＊＊＊＊＊＊＊＊＊＊＊＊＊＊＊＊＊＊＊＊＊＊＊＊＊＊＊＊

指導のコツとアイデア④　－住生活編－

＊＊＊＊＊＊＊＊＊＊＊＊＊＊＊＊＊＊＊＊＊＊＊＊＊＊＊＊＊＊＊＊

　住まいは人間生活にとって、食生活、衣生活と共に重要な役割を果たしています。しかし「めんどうだ」「手間がかかる」などの理由で、児童の住まいに対する関心は低い傾向にあります。そこで、ほこりの観察をしたりゴミの不潔さを実感したりするなど体験的な授業を取り入れ、清潔に保つことの大切さについて考えさせるなど、児童の問題意識を掘り起こす魅力的な指導のコツとアイデアを紹介します。

◆実験のいろいろ

ほこりを観察しよう

〈はじめに〉

　もし掃除をしないと、部屋の隅などにほこりがたまってきます。ほこりって何だろう、ほこりはどこからくるの。児童のそんな疑問について、学校という身近な環境の中で考えます。

〈実験のやり方〉

1．下敷きくらいの大きさのボードに、ガムテープを粘着する部分を外側にして巻き付けます。
2．粘着テープを巻き付けたボードを、2m位の高さ（人の身長程度）にして、教室や廊下にぶら下げます。
3．1週間経って、どれくらいのほこりがついているかを調べます。

〈結果をまとめる〉

　ほこりは目に見えないけれど、たくさんのほこりがガムテープにくっつき、ほこりが空気中に漂っていたことがわかります。

　掃除をしないと、ほこりがたくさんたまってしまうので、定期的にきちんと掃除することの大切さを理解できるようにします。

環境に優しい掃除の方法

〈はじめに〉

　お店には掃除に便利なさまざまな洗剤が売られています。しかしそうした商品の中には、環境に負荷をもたらすものも少なくありません。授業では掃除の大切さや仕方を学ぶだけでなく、掃除の仕方を通して生活環境との調和について考え、環境に優しい掃除を工夫することの必要性を理解できるとよいでしょう。家庭生活を豊かでより良いものにするためにはまわりの人々への配慮やものを大切にする意識を培うことも大切です。

〈実践のやり方〉

1．グループに分かれ、担当する場所を決めます（流し台、コンロ、風呂場、トイレ、玄関、窓、床など）。
2．インターネットで調べたり、家族に聞いたりして、環境に優しい掃除の仕方を考えます。
3．試し掃除を行い、効果的な掃除方法を考えます。

〈結果をまとめる〉

　各グループで行った掃除の方法を発表します。

環境に優しい掃除の例

- 流し台の汚れ……オレンジの皮を煮出したオレンジオイルを使う（給食に出たみかんの皮を集めて作ったオレンジオイルを原材料へのお礼として全校に配る）。
- コンロの油汚れ……重曹とほう砂と植物性の液体せっけんを混ぜたものを作り、汚れの上にのせて軽石でこする。
- 風呂場の水あか……重曹を使い古しの歯ブラシにつけてこする。
- トイレの狭い床……掃除機にトイレットペーパーで作った簡易アタッチメントを工夫して使う。
- 玄関の汚れ……茶殻をガーゼ袋に詰め、それでこする。
- 窓の汚れ……大根の葉に近い部分を切り落としたものでこする。網戸は軍手を使うと良い。

【第3章】 C 消費生活・環境

『小学校学習指導要領（家庭）』の「C 消費生活・環境」の内容は、次の二つで構成されている。

（1）物や金銭の使い方と買物
（2）環境に配慮した生活

「C 消費生活・環境」は、持続可能な社会構築に向けての身近な消費生活と環境を考え、消費生活と環境をよりよくしようと工夫する実践的な態度を身につけ、それらの課題を解決することができる力を養うことをねらいとしている。

多様に変化する現在および将来の社会に対応し、生活に必要な能力を育てることは、言い換えれば、消費者としてより良い生活をしていくための判断や意思決定を適切に行う力を育てるものである。どのように生活するかということは、そのままその人の価値観を表現したものであるから、より良い家庭生活についての価値観も作り上げていくことになる。このことは子どもたちの現在の消費生活をより豊かにするとともに、将来の消費生活の基礎ともなるだろう。

環境問題においては、地球規模での人類共通の課題であることが、危機的に語られている。現に私たちの食生活のどの部分をとっても、環境との関わりをないがしろにはできない。しかし、消費することに慣れてしまった子どもたちは、自分自身が環境問題に深く関わっていることにはあまり気づいていない。だからこそ、消費するだけの消費者から、生活をより充実・向上させることのできる消費者として、責任ある意思決定や判断をするための価値観を児童に身につけさせることが大切である。

また、今回の指導要領の改定では、買物の仕組みや消費者の役割を新設し、中学校で売買契約の仕組みなどの基礎を学習できるようにしている。

題材：めざせ！　買物名人

（1）物や金銭の使い方と買物

■題材の目標
（1）金銭の大切さや必要性を考えて、計画的に買物しようとする態度を身につけ、簡単な金銭収支の記録をつけることができるようにする。
（2）買物と暮らしのかかわりを理解し、物の有効な使い方の工夫ができるようにする。
（3）望ましい買物の仕方（特に食品の適切な選び方）を理解し、自分なりに考え実践できるようにする。

■題材について
　多様に変化する現在および将来の社会に対応し、生活するための基本的な能力を育てることは、言い換えれば消費者としてのより良い生活をしていくための判断や意思決定を適切に行う力を育むことでもある。
　本題材の前に児童に事前調査を行ったところ、「買物をあまりしない人」は約4割で、自分の家庭ではどんなものを買っているのかを初めて知ったという児童もいた。家庭では食料品を購入することがたいへん多いが、種類や宣伝も多いため、どんなことに気をつけて買物をしたらよいかがわからないという声も多かった。
　本題材では児童にもなじみのある「シチュー」を作るという目的をもち、買物シミュレーションを行った。その手がかりとして、児童に最も身近でしかも賢い消費者である家の人に聞き取り調査を行い、「買物名人」になるコツを探った。
　本題材では、買物体験の活動を通して、売り手と買い手の適切な商品の選び方や買物の仕方について学び合うことで、より良い消費者となり、自分の家庭生活に生かすことを目標としたい。

■自己学習力の育成について
（1）課題を発見する力を育むための工夫
　再点検する——自分の買物の仕方を見直し、これでよいと思ってきた習慣を見直したり、買物についての考え方について家庭ウオッチングをしたりする。また、友だちの意見や情報・資料などから、「こんな考え方もある」「こんなことはできないかな」と、今までの考え方と違う方法を取り入れようとする。

（２）情報を選択する力を育むための工夫

　疑問をもつ——買物に関しての多くの情報の中で、「自分の知りたいことは何か」「何が重要か」という鋭い問いをもち、必要度に応じて的確に選別する。また、既知の事柄に結びつけて考えられないか、関連する内容について自分なりに分析し、短い語句でまとめ、キーワードにする。

（３）自己を評価する力を育むための工夫

　自分は何を理解し、どの部分が理解できていないのかを考える。買物シミュレーションでは、売り手と買い手、それぞれの役割を行い、相互評価を行う。

■学習計画（全体）３時間

	学習活動	指導上のポイント
事前	**自分の家の買物の様子を調べる。** ・金銭の大切さと必要性を考える。	身近な買物経験を事前調査することで、消費者としての自分を意識できるようにする。
1時間目	**食品の選び方について考える。** ・失敗例から、良い買物について考える。 ・品質表示や商品マークについて話し合う。 **シチューを作るための買物の計画をする。**	毎日の生活と金銭のかかわりを考え、家族に感謝できるようにする。 サービスも金銭で買っていることを捉えられるようにする。
2時間目	**『買物シミュレーション』をする。** ※次ページ参照	
3時間目	**これまでの学習を振り返り、消費生活についての自分なりの考えをもつ。**	実生活でも、品質、価格などに注意して買物できるように支援する。

指導の流れ

　家庭ではどのようなことに注意して買物をしているかを「買物名人（家族）」に聞く（家庭）。⇒家庭の仕事を知る。⇒より良い買物の仕方について考える。⇒買物の計画を立てる。⇒買物シミュレーションを行う。⇒消費生活について自分なりの考えをもつ。

学習計画／2時間目『買物シミュレーション』

■本時の目標

　買物シミュレーションをすることにより、売り手や買い手の心情がわかり、自分なりの適切な買物の仕方を身につけ、実践できるようにする。

時間(分)	過程	主な学習活動と子どもの意識の流れ	教師の支援
5	構え	**前時までの学習を想起し、学習課題を確認する。** 買物計画はできたかな。 〈売り手〉 商品をたくさん売りたいな。 並べ方も考えよう。 シナリオ作りをしたので、ロールプレイをしたいな。 〈買い手〉 新鮮なものを買おう。 予算の範囲内で買おう。 安全なものを買おう。	それぞれのグループの活動のめあてが把握できているかを支援する。
15	自主	**シチューの材料を上手に買おう。** 〈売り手〉 ・賞味期限の近いものは安く売ろう。 ・少しでも古いものはまとめて売ろう。 ・価格を下げてでもたくさん売ろう。 〈買い手〉 ・品質表示や賞味期限を確かめて買おう。 ・品物をよく見て、新鮮なものを買おう。 ・単価の安いものにしよう。 ・予算内で買おう。	売り手と買い手に分かれ、工夫した売り方や上手な買物の仕方を進めていく。 それぞれのグループごとのつまずきに応じて適切な助言をする。

20	協同	**買物は計画通りにできたかな。** 〈売り手〉 • 古いものもまとめて安くして売った。 • 不揃いな野菜もまとめて売った。 〈買い手〉 • 品質を考えずに、値段の安いものを買った。 • 新鮮なものを買った。 **どんなことに注意して買物はしないといけないかな。**	それぞれの立場で、商品についての考えを話し合う。 売り手と買い手の立場を経験することで、上手な買物の仕方を理解できるようにする。 **【評価】知識・技能** • 買物の仕組みや消費者の役割がわかり、物や金銭の大切さと計画的な使い方について理解している。
5	発展	**買物についていろいろ知った上で、その中から自分の判断で買っていくべきだな。**	実生活に生かせるように言葉がけをする。 食品に表示されている情報について気づくように支援する。 **【評価】知識・技能** • 身近な物の選び方、買い方を理解しているとともに、購入するために必要な情報の収集・整理が適切にできる。 **【評価】思考・判断・表現** • 身近なものの選び方、買い方について問題を見出して課題を設定し、解決する力を身につけている。

■指導上の注意点

• 買い手を経験してわかったこと、売り手を経験してわかったことをそれぞれが出し合い、上手な買物の仕方について学習できるようにする。
• 買い手と売り手、それぞれの目標に応じたシナリオができているか点検しておく。
• シチューの材料を買物をする場合の学習材となるものに限定しておく。
  例）シチューのルー〈賞味期限〉／牛乳〈消費期限〉／人参・ジャガイモ・タマネギ〈量や大きさ〉／新鮮さ、単品売り、袋でのまとめ売りによる値段の差　など。

題材：おこづかいプランナーになろう

（1）物や金銭の使い方と買物

■題材の目標

（1）自分のこづかいに関心をもち、こづかい帳をつけることによって、自分の生活を点検し、金銭生活を見直すことができるようにする。

（2）こづかい帳の記入の仕方を身につけ、お金を管理することの大切さを感じ取り、お金を使うことには責任が伴うことを理解できるようにする。

（3）正しい知識や情報から、購入する物を選んだり、不必要な物を買わないようにしたりできるようにする。

（4）こづかいのやりくりを通して、自分なりの価値観により意思決定することの大切さに気づくことができるようにする。

■題材について

　経済の仕組みが複雑化してきた現代、さまざまな金銭トラブルが急増している。またお金にまつわる社会的問題として、若年層のカード破産や自己破産なども挙げられる。こうした背景もあり、以前にも増して学校における金銭教育の重要性がクローズアップされてきた。金銭教育は知識を覚えることだけが目的でなく、それを自分の生き方につなげていくことに意味がある。自立した消費者を育成するためには、早い段階から系統的な金銭教育が不可欠であり、家庭科で担う金銭教育の役割は大きいと考える。

　本題材ではまず、こづかいや金銭の取り扱いに関しての児童の実態をつかみ、差し支えのない範囲で保護者の金銭教育の考え方を聞いておく。授業を通してこづかい帳をつける経験をすることで、自身の金銭生活の問題点に気づき、それを改善するためにはどうしたらよいかを考え、実行に移すことができることをねらいとする。

■自己学習力の育成について

（1）家庭生活とのかかわりを豊かにする工夫

　家庭への協力を呼び掛け、支出面だけでも自分たちがどれくらい何に使っているかを明らかにし、その実態を見直すことができるようにする。自分のこれまでの金銭の使い方はどうだったのかを、友だちの結果と比較して、自ら考えるきっかけづくりをする。

（2）友だち（学習集団）とのかかわりを豊かにする工夫

　こづかい帳の記入体験後、似通った使い方をしている児童でグルーピングを行い、

仲間と共にこづかいの使い方を考える。友だちの考えと自分の考えのゆらぎの中で、意思決定を行い、自分の価値観を確かなものとしていこうとする姿勢を支援する。

（3）「達成感」や「充実感」・「自己肯定感」を自覚できるようにする工夫

学習後は、これまでの学びを整理できるワークシートを用い、自己評価や相互評価を行うことで、自分の学習の振り返りが容易にできるようにする。また、振り返りの様子を家庭科だよりに掲載し、学習の成果を通信して、それぞれの児童が一つのことをやり遂げたことを自覚できるようにする。

■学習計画（全体）3時間

	学習活動	指導上のポイント
事前	家庭でこづかいに関してのアンケートをとる。	・金銭教育をする意味や教師側の意図を家庭へ手紙で知らせておく。(P.18参照)
1時間目	**自分の金銭生活を見直し、どんな問題点があるのかを考える。** ・自分のこづかいはいくらで、どんなものにお金を使っているかな。 ・自分や友だちのこづかい帳を見て、問題点はないか考えてみよう。	・こづかい帳の必要性を話し合い、自分に関する金銭収支を見てみようとする意欲をもたせる。
2時間目	**「おすすめのおこづかいプラン」を発表しよう。** ※次ページを参照	
3時間目	**良い金融生活を送るために、専門家から話を聞こう。** ・こづかいをやりくりするには秘訣があるのかな。 ・自分のこづかいをきちんと管理して、むだづかいを減らしたいな。	・ファイナルシャルプランナーなどの専門家を呼び、話をしてもらう。

指導の流れ

こづかいに関するアンケートをとる。⇒こづかいをどのように使っているかを調べる⇒こづかいの使い方の問題点を話し合う。⇒「おすすめのおこづかいプラン」を発表する。⇒自分らしい金銭の使い方について考えられる力を身につける。

学習計画／2時間目『おすすめのおこづかいプラン』

■本時の目標

　一定額のこづかいを1か月間でどのように使うのがよいかを、自分のこづかい帳をつけた経験や友だちの意見から考え、お金に対する自分なりの考え方を身につけるようにする。

時間(分)	過程	主な学習活動と子どもの意識の流れ	教師の支援
5	構え	**おこづかいプランナーとして、こづかいの使い方をアドバイスするよ。**	本時のめあてを確認する。 こづかいの動向がよく似た結果の児童でグループ分けする。 各グループに質問用紙を配布しておく。
15	自主	**自分たちがすすめる「おこづかいプラン」について、説明する。** ①自分の好きなことや物に使う→趣味型 ②何をおいても貯金する→貯蓄型 ③かかる費用を品目別に計画→計画型 ④必要な物かどうかをよく考える→見極め型	参考となる資料を配布する。
20	協同	**それぞれのプランナーの話を聞き、どのようなこづかいの使い方がいいかを考える。** ①趣味型→自分の好きなものを計画なしで買って大丈夫かな。 ②貯蓄型→できないときはないの。 ③計画型→かかる費用が予算を上回ったらどうしよう。 ④見極め型→何を根拠に見極めるの。	自分なりの価値観に合わせて話し合いができるように自分のこづかい帳や考えをまとめるワークシートを準備する。 **【評価】知識・技能** ・物や金銭の大切さと計画的な使い方について理解している。

5	発展	これまで学んだことをまとめてみよう。 それぞれのプランの良さを理解しながら、共通して気をつけることは何かを考える。 これからの自分の金銭生活を意識したこづかいの使い方を家庭でもやっていこう。	【評価】思考・判断・表現 身近な物の選び方・買い方について問題を見出し、課題を解決する力を身につけている。 【評価】知識・技能 • 身近な物の選び方、買い方を理解しているとともに、購入するために必要な情報の収集・整理が適切にできる。

■指導上の注意点

- 「おこづかいプラン」を考えやすいように、あらかじめ学級でこづかいアンケートをとり、1か月○○円と規定しておく。（今回の場合は1,500円とした）
- 金銭についての友だちの意見を聞くことによって、自分なりのよりよい考え方ができるように支援する。
- 話し合いの机の並べ方を工夫し、各自の意見のやり取りがしやすいように工夫する。

〈家の買物や自分の買物で失敗したことや困ったこと〉

（6年2組39名　○年△月△日）

- お金が足りなかった　……　8人
- 不要なものを買ってしまった　……　6人
- 不良品だった　……　2人
- 買うものの種類をまちがえた　……　2人
- 前に買っていたことを忘れて買った　……　2人
- 安いので買ったが使いきれず傷んだ　……　2人
- 何を買うか忘れた　……　1人
- 値段をよく見ずに買った　……　1人
- 買ったものを落とした　……　1人
- 高い物を買ってしまった　……　1人
- お金が細かくて支払いに手間取った　……　1人
- 種類が豊富で選ぶのに困った　……　1人
- 「当たり」の商品がなかった　……　1人
- 買ったものが2、3日後に半額になっていた　……　1人

おこづかいプランナーになろう ②　〜 買い物の工夫〜

6年　　組名前

　あなたは，次のものを買うときにどんなことに気をつけて買っていますか。

　また，買い物をするときの工夫について考えてみましょう。（例えば，安くものを買うには，どうすればよいでしょうか。よい品質のものを買うには，どうすればよいでしょうか。）　その他のものは，今回の授業で，自分のこづかいで買う範囲のものでという意味です。できるだけ，多くの買い物の工夫について書きましょう。分からないときは，おうちの人に尋ねましょう。

食べ物・おやつ

衣類

文房具

その他のもの

『おこづかいプランナーになろう』のワークシート例②

	私たちの考え方・おすすめポイント		私たちの考え方・おすすめポイント
買物を楽しむ趣味型 A〈プランナー：班のメンバー〉	①私たちは趣味のものをいくつかしぼって、ぴったり1,500円使った。②趣味のものを買いたいので、安い物を買ってお金をためて使う。③私たちは趣味に使うことをおすすめします。	買物を楽しむ趣味型 B〈プランナー：班のメンバー〉	①趣味のものを買うために二つにしぼって800円使うことになった。そのために他のものは節約したり、買う量を減らしたりした。②他のものを節約してでも好きな物を買うのが、こづかいの使い方として一番いい。
買物に失敗のない計画型 A〈プランナー：班のメンバー〉	①計画を立てると、計画以上のお金を使ったときによくわかり、次使うときに計画通りにお金を使おうという気持ちになれる。②一つのことにたくさんお金を使ってあとで困るということがわかる。③計画を立てることによって、趣味と貯金の両方にお金を使うことができる。	買物に失敗のない計画型 B〈プランナー：班のメンバー〉	①計画を立てることでむだづかいがなくなる。②今持っているお金から、どれだけ支出しているかよくわかる。③計画を立てることによって、物の見方がわかる。④お金を使うとき、本当に必要な物か考えた。⑤計画は買物をするときに役立つことであり、大切である。
未来に役立つ貯蓄型〈プランナー：班のメンバー〉	①私たちはこづかいの30%を貯金しているので、自分がほしいものが高額な商品でもすぐに買える（半年から1年で2,400円～4,800円になる）。②未来に役立つ生活費用⇒貯金を計画的にするべきだ。	見極め型 Needs VS Wants 型〈プランナー：班のメンバー〉	①必要なものを安く買うべきだ。②品質の良い物を買うべきだ。③数軒の店から選ぶべきだ。④むだづかいをしないのだ。⑤じっくりと考えて買うのだ。

題材：めざそうエコエコライフ

（2）環境に配慮した生活

■題材の目標
（1）自分の食生活のかかわりから買物の仕方や残り物に関心をもち、材料の有効活用や無駄を省いた調理法に取り組むことができる。
（2）買物の仕方や調理の仕方を考える中で、自分の消費生活を見直し、より良い生活の仕方を考え、工夫することができる。
（3）目的に合った適切な買物や、環境に配慮した調理ができる。
（4）計画的に無駄なく材料などを使うことの大切さや、家庭生活における無駄のない支出について考えることができる。

■題材について
　日常生活はさまざまな商品を消費することで成り立っている。それらの商品は、生産、流通、消費というプロセスを経て廃棄されており、その各家庭においてさまざまな不要物、汚染物を出している。特に食生活に関しては、保存法・調理法・残滓・生活排水、ごみ処理の各段階まで見通した商品選択の意思決定することが必要である。
　本題材では、自分の家庭の1週間のごみの量（主食と副食としての野菜の量）を食事ごとに記録し、それらの残滓量をお金に換算して、1週間のごみがいかに経済的にも無駄になっているかを身近に考えさせることとした。さらに児童には、この調べ学習にとどまらず、家庭の調理から出るごみを減らすための計画的な品物選びやエコクッキングなどの必要性を自覚できるように、自分たちの価値観で正しく判断して、意思決定をする学習展開を試みた。適正な食生活のあり方を理解し、自らの食生活を改善しようとする態度を養い、自立した消費者としての自覚や実践的な態度を育てることを目標とした。

■自己学習力の育成について
（1）学習対象と豊かに関わるための工夫
　残滓を調べるため家庭への協力を依頼する。また家庭へのお便りで、環境に配慮した家庭科学習の様子を知らせ、長期休業日には実践できるような課題を出す。

（2）友だちと豊かに関わるための工夫
　エコエコライフに関する課題が類似している者でグループ編成を行い、調理実習な

どの実践的・体験的活動を取り入れて、意見交換などをしやすい環境づくりをする。

（3）自分自身と豊かに関わるための工夫

　ゲスト講師を招いて、専門的な立場から疑問点を明らかにして質問に答えていただく。モジュールシートを活用し、エコエコライフの1時間ごとの学びの跡を自己評価できるようにする。

■学習計画（全体）3時間

	学習活動	指導上のポイント
事前	家庭で、1週間の食事後の残滓調べをして、記録しておく。	家庭に学習のめあてを知らせ、協力を依頼する。
1時間目	**我が家の残滓調べをした記録から、どんな問題があるかを考える。** ・残滓をお金に換算して課題を見つける。 ・家庭の実態や課題だと思うことを発表する。	家での聞き取りを積極的に行えるようにワークシートを配布する。 共通の問題意識のある者同士で班を編成する。
2時間目	**「エコエコ会議を開こう」** ※次ページを参照	
3時間目	**エコクッキング計画を立て、エコエコライフ実現を目指した調理実習を行う。** ・各班の計画に基づき、一汁一菜の調理計画を立てる。 ・計画に基づいた調理実習を行う。 ・試食をし、それぞれのエコクッキングを発表し合い、その良さを知る。	材料を無駄にしない調理について、資料などから調べられるようにする。 基本的な調理方法の支援をする。

指導の流れ

　家庭ではどれくらいの残滓があるかを調査する。（家庭）⇒残滓の実態や課題を考える。⇒課題解決のための意見を交換する。⇒エコクッキングの計画を立てる。⇒エコクッキングを実践する。⇒残滓を減らし、環境を意識した家庭生活に取り組めるようにする。

学習計画／2時間目『エコエコ会議を開こう』

■本時の目標

食品を購入する計画や、金銭の収支の記録などを具体的に行うことを通して、計画的な金銭の使い方を考える。

時間(分)	過程	主な学習活動と子どもの意識の流れ	教師の支援
5	構え	前時までの学習を想起し、学習課題を確認する。	前もって調べた家庭の実態のよく似た児童で班を編成し、班としての意見をまとめやすくする。
15	自主	グループごとに、エコノミー・エコロジーな生活を送るにはどんなことに気をつけて生活すればいいかを話し合う。 〈グループ分け〉 • 1週間の残滓合計0円の班 • 1～499円の班 • 500～999円の班 • 1000円以上の班 • 生ごみ処理班 • 調理の工夫班 • その他の工夫の班	それぞれの班の主張や、それに伴う意見や質問を出せるようにする。 【評価】知識・技能 自分の生活と身近な環境との関わりや環境に配慮したものの使い方などについて理解している。
20	協同	各グループでまとめた、エコエコライフに関する意見を発表する。 • 残滓が出ないように、残り物は再利用しているよ。 • 生ごみ処理機で栄養のある土が作れる。 • 野菜は皮や葉っぱも使って、できるだけ捨てないようにするといい。	前もって司会者を決めておく。 他班の意見を把握しやすいようにしておく。 【評価】思考・判断・表現 環境に配慮した生活について問題点を見出して課題を設定し、解決する力を身につけている。
5	発展	本時の感想を話し合い、次時の課題をつかむ。	自分なりの問題意識をもって、これからの家庭生活に取り組めるようにする。

■指導上の注意点

- それぞれの家庭で、残滓の量や、それによる損失額を比較するために、残滓の品目別に、単位量当たりの損失金額を決めておく。それにより金額に換算して比較できるようにする。
- 残滓の合計金額がよく似た班や、すでに工夫している班などでグループを作り、エコエコ会議を開催する。残滓の少ない班の工夫点や多いと思われる班の原因などから、どのようにしたらエコな食生活ができるのかを話し合う。
- すでに生ゴミを処理している家庭や、調理の工夫を行っている家庭の児童に、その実態について話を聞く。

【その他の題材・実践例】

題材名：『エコクッキングで一汁一菜』

　　台所から出るごみから環境問題を考える取り組みとして、エコクッキングがある。家庭の調理から出るごみを減らすための計画的な品物選びやエコクッキングを通じて、適切な食生活のあり方を理解し、自らの食生活を改善しようとするように導きたい。

　　具体的な授業では、一食分の食事の基本である一汁一菜の調理を行う。一汁に関しては、既習のみそ汁の材料を何にするか、エコクッキングにふさわしいものを児童の話し合いなどから導いていく。具体的には、材料を無駄にしない調理として、「冷蔵庫の残り物で調理する」「材料を丸ごと使う」「料理のリフォームをする」などの上がってきた意見をくみ取りながら、実際の調理へとつなげていく。

　　こうした実践を通して、買物をするときからごみ減量に配慮し、さらに調理の工夫によって残滓を減らし、地球環境にやさしい生活（SDGs）をしたいという児童の思いを体現させたい。

めざそうエコエコライフ　〜エコクッキングで一汁一菜〜

エコクッキング計画　part1

6年○組　　番　名前

	エコクッキングとして考えられる方法	班の メンバー	班の名前・メニュー
1班	**以前に使った材料を効果的に使う** 一汁　サツマイモの皮をお汁に入れる。大根は薄く皮をむき細かく切って煮る。 一菜　休日に食べた手巻き寿司のかにかまときゅうりを使っている。		**頭脳的新メニュー開発** みそ汁ときゅうりとカニカマのマヨネーズ和え
2班	**料理のリフォーム** 3日前のカレーを復活。費用が少なく調理が簡単。風味が逃げない、再利用可。		**リフォーム・ザ・カレー** 落とし卵のカレースープ、カレーオムレツ
3班	**冷蔵庫の扉に何がどれくらい入っているかや材料の使用期限を明示する** 一汁　腐りやすい食材を早めに使用。さめても温めると食べられる。　一菜　賞味期限を見て冷蔵庫の中を整理しながら使用（冷蔵庫のドアに購入日を記載）。		**計画的材料残班** おみそ汁 B（ベーコン）N（ニンジン）M（マカロニ）P（ポテト）in チーズ
4班	**材料を丸ごと使う。捨てるところを使う** 一汁　ニンジンや大根の葉や皮を使う。 一菜　ブロッコリーを丸ごと使う。手早く作れる。たいてい家にある物。		**エコマスターズ** ニンジンの皮のみそ汁、ブロッコリーと豆板醤（トウバンジャン）の炒め物
5班	**消費できるものをすべて消費する調理** 一汁　日頃捨てている物を活用。大根の葉・人参の皮。　一菜　旬の野菜でお手頃価格。ピーマンの種もすりばちでつぶし使用。ごみはへたと外装だけ。		**簡単に効率よく栄養バランス** 野菜いっぱい激ウマみそ汁、旬たまチー野菜炒め
6班	**冷蔵庫の残りもの** 一汁　冷蔵庫に残る野菜を使っている。6つの食品群にわけて、冷蔵庫の残りものを調べた。　一菜　じゃがいもの皮やよく残る野菜、スライスチーズ、ケチャップを使う。少ない時間でできる。		**R・N・K・T・H** （R：冷蔵庫の　N：残りものを　K：効率よく　T：つかう　H：班） みそ汁 ピザトースト

＊＊＊＊＊＊＊＊＊＊＊＊＊＊＊＊＊＊＊＊＊＊＊＊＊＊＊＊＊＊＊＊

家庭科教育Ｑ＆Ａ

＊＊＊＊＊＊＊＊＊＊＊＊＊＊＊＊＊＊＊＊＊＊＊＊＊＊＊＊＊＊＊＊

　家庭科など専科の授業では専任の教員が限られるため、担当する教員に疑問点などがあってもなかなか相談したり悩みを共有したりすることが難しく、問題を解決することができないことも多くあります。

　ここでは特に家庭科教育に不慣れな教員が、疑問に思ったり不安を感じたりすることが多い内容を集め、どのような対応が考えられるかをＱ＆Ａ形式でお答えします。

Ｑ　児童の関心を高める、家庭科の授業づくりのコツはありますか。

Ａ　小学校の家庭科は、児童の家庭での生活と大きく関わっています。児童が授業に関心をもって授業の内容を積極的に生かしたいと感じられるように、生活と授業内容の間に接点が多くもたれるような工夫をすると良いでしょう。日常の家庭生活の中で疑問に思ったこと、困ったことなどを授業でもすくいあげて、改善点などを一緒に見つけることができると、授業への関心が高まります。

　たとえば買い物に関する題材を行う予定があれば、１〜２か月前からアンケートを取り、児童が思っていることを吸い上げておきます。授業に入ったら、その中から特に話し合いができる課題や実践できる課題を設定しましょう。

　また、学習してまとめた内容を冊子にしたり、家庭通信などで授業で学んだ内容について伝えたりして家族の方とも共有し、児童が学んだことを日々の家庭生活の中でも生かせるように働きかけると良いでしょう。

Ｑ　児童の興味や関心を高めるための具体的な取り組みにはどのようなものがありますか。

Ａ　その題材に関連する専門家を招いてお話を聞くと、授業に深みが出て、子どもたちの興味や関心も深まります。また、世の中にはいろいろな仕事や経験をもつ人がいることを知る機会にもなり、視野を広げてくれます。

　身近な例としては、調理実習や栄養をテーマにした授業で、学内の栄養教諭や学校栄養士に話をしてもらったり、児童の質問に答えてもらったりすることができます。また、環境問題や掃除、洗濯、リサイクルによる物作りなど地元の○○名人と呼ばれている方々にお声掛けをして、協力いただいてもよいでしょう。

最近は、さまざまな企業が社員の出前授業などに協力してくれています。食品メーカーや銀行などの金融機関など、専門家の視点からわかりやすく話をしてもらうことは、児童にとって社会に触れ、本物を知るとても良い機会です。

Q　家庭科の授業の年間計画を立てるときに、注意すべき点は何ですか。
A　季節ごとの行事や地域行事、学校行事などを考慮して、バランスの良い題材の設定が必要です。たとえばゴールデンウイークの前に家族での休日の過ごし方を考えるなど、題材と生活を上手に関連づけることで、児童の興味関心も高まります。
　また季節や天候などにも配慮した題材の組み立ても必要です。特に洗濯や掃除の実習は梅雨の時期や寒い季節はなるべく避けて、天気の良い日が続く時期に取り組むようにすると良いでしょう。
　調理実習は、ある程度クラスが落ち着いた時期にすることが望ましいので、春先ではなく初夏以降にすることが理想です。

Q　家族の領域を扱うときに、注意すべき点は何でしょう。
A　現代社会にはさまざまな家族の形があるため、家庭科の題材として家族について話し合うときには児童への十分な配慮が必要となります。そのためのベースとしては教師がクラスの児童に対して家族の状況や背景などをしっかりと理解していることが大切です。クラス担任であれば各児童の家庭状況について把握することができますが、教科担任ではそれが難しい場合もあるため、クラス担任に相談し、しっかりと情報共有をしておきましょう。
　特別に配慮すべき児童がいる場合には、自分たちの家族について話し合うのではなく、仮の家族を設定して、問題点をロールプレイングした後、それについて話し合うというような形で授業を行うことも一つの方法です。

Q　授業形態の工夫にはどんなものがありますか。
A　活気ある授業というのは、児童が積極的に自分たちの意見を交わし合えるような環境がもたらします。児童一人ひとりが自分の感じたことを積極的に声に出して述べられる授業は理想ですが、人の前で話すことが苦手という児童もいます。
　みんなが積極的に意見を言える環境を作る方法として、「バズ学習」という学習方法があります。これは小グループで特定のテーマについて討論させるもので、少ない人数で話し合うため、意見が言いやすく、また友達の意見に対して自分の考えを言うなどの活発な話し合いがしやすくなります。
　特に家庭科の授業では一つのテーマに対して、さまざまな意見や考え方が出やすいので、小さなグループにして活発に意見を交換できるこのような学習方法はとても有

効です。ただし、話し合いが単なるおしゃべりではなく有効に機能させるためにはいくつかの工夫が必要です。たとえばグループの中に、司会進行役、書記、意見をまとめて発表する人などの役割分担をすると、それぞれに応じた責任を果たそうと、児童の取り組みもより真剣になって良い効果を生み出せる傾向があります。

Q グループ活動に取り組むときの授業づくりのコツはありますか。

A 家庭科の授業では児童が数人ずつのグループに分かれ、それぞれのグループで協力し合いながら作業を行うような活動が多く取り入れられます。

教師がグループ分けを行う場合には、単に人数だけで区切るのではなく、状況によっては児童の能力や考え方に配慮したグループ分けを行うと良いでしょう。

たとえば話し合いをグループごとに行う場合、クラス内にいくつかの異なる意見があるときには、同じような考えをもつ児童たちでグループを作ると良いでしょう。グループで意見を交換しながら考え方を深めて発表すると、良い意見が集まります（ディベート学習など）。話し合い学習時は、席の配置も工夫しましょう。

製作では、ミシン、手縫いなど同じような手順を行っている児童がグループでまとまることで、互いに教え合いながら作業を進めることができます。また、製作では得意な児童と苦手な児童の差が大きいため、上手な子とあまり得意ではない子が一緒のグループになるようにして、教え合いながら作業を進めていく方法もあります。

Q 児童の各家庭との上手なコミュニケーションの方法はありますか。

A 家庭科の授業では、調理実習を行うときに家庭調査をするなど、家庭からの協力を得なければならないことも多く、児童の各家庭との結びつきが深い教科です。そのため教師は、各児童の家庭と良好な関係を維持できるように常に配慮を怠らないようにしておくことが必要です。

特に家庭でのアンケートや家族へのインタビューなど、家庭と深く関わる内容に協力してもらうときは、事前にお便りを出して、協力の意図を伝えておきます。また、定期的に家庭通信を出して、子どもたちがどのようなことを学んでいるかについて紹介しておきましょう（P.18-19参照）。

調理実習やミシン掛けの実習など、大人の支援が求められるときには、積極的にお便りなどで声かけをして、ふだんから学校と家庭との距離を縮められるような環境を作っておくこともおすすめです。

おわりに

「小学校といえども、研究教科をもち、論文を書いていくべきだ」と、勤務校の校長先生や先輩の先生に言われてから、毎年、拙い実践論文を書いてきました。教育実践の成果を見直すためにも、「〜したら〜になるのではないか」という仮定に基づく教育論文を、先輩の先生や同僚の先生に相談したり、ときには自分なりの考え方で、いろいろな教科、領域で書いてみました。そして地教委や県教委の実践論文に応募していくうちに、鳴門教育大学附属小学校で、研究教科として家庭科と向き合う機会を得ることになりました。この約10年間は、研究授業が終わる度に、次は何の分野で考えようか、どんな授業にしようか、今の時世にあった題材はどれだろうか……と考えてきました。

　この間、附属小学校の先生方はもとより、専門分野を研究されている鳴門教育大学の研究科研究室の先生方には大変お世話になりました。また、いろいろな家庭科研究会にも出席させていただき、家庭科を研究する仲間との交流も県内外にでき、とても充実した時間をもつことができました。

　そして家庭科という教科を通して、世の中の動きを感じることができました。衣生活分野のほころび直しや刺しゅう製作がなくなり、新たに、異なる世代の人々との関わりについてや環境問題が加わりました。また、近い改定であれば、買物の仕組み（お金について）やSDGsについても具体化したものを取り扱うようになってきました。
「Ａ　家族・家庭生活」には、家族としての仕事の分担を考える場面がありますが、表立っては男女差別がなくなってきたように見える昨今でも、固定的性別役割分担意識は確かに至る所にあります。またLGBTQについても議論されています。これから先も問題にしていくことで、進んでいくしかないのかもしれません。

　しかしながら、家庭科の目標の中心にあるのは、自分の今の生活です。それが将来の創設家庭の問題を考えていくことにつながることは、これからもぶれていかないものであると考えます。それは新しいことを研究しようとしても、どうしてもこれまでの研究の見直しをしていかないと前に進めないことを意味しています。

　家庭科の目標を達成するために、毎時間、いろいろな分野から、それぞれの授業計画を打ち立てて、本時の目標を立てるわけですが、家庭科の授業の目標は、それぞれの児童の家庭生活の中から、疑問に思ったことやうまくいかなかったことを次の課題として研究していくということがとても大切だということを感じました。

　私の拙い指導案がたたき台として、お役に立てることがありましたら、とてもうれしく思います。

　最後になりましたが、私の在籍時の鳴門教育大学附属小学校・大宮俊恵校長先生、栄養士の江西先生、宮脇先生はじめ諸先生方や家庭科研究会の先生方、直接ご指導をいただいた当時の鳴門教育大学の鳥井葉子先生、金貞均先生はじめ、前田先生、渡邊先生、西川先生、福井先生、黒崎先生、速水先生、中山先生に御礼を申し上げます。

　また、この本を上梓できるようにお力添えをいただきました、文芸社の担当者の方々にも謹んで御礼申し上げます。

　2023年3月

町口美千代

【参考文献　参考資料】
鳴門教育大学附属小学校研究紀要　第46集〜48集・50集
鳴門教育大学附属小学校　第50回・52〜55回　小学校教育研究会要項
『そのまんまお弁当料理カード』足立己幸　針谷順子　群羊社
『やさしい創作リフォーム』古川敏子　金園社
『重曹で暮らすナチュラル・ライフ』ブロンズ新社
『ナチュラル・クリーニング』佐光紀子　ブロンズ新社
『住まいと暮らしを楽しく学ぶ　住領域教材研究』林知子　浅見雅子　彰国社
『新学習指導要領解説　小学校家庭早わかり&実践 理解への近道』長澤由喜子ほか　開隆堂出版

著者プロフィール

町口 美千代 （まちぐち みちよ）

徳島県生まれ。高知県立高知女子大学（現・高知県立大学）家政学部生活理学科を卒業後、県内小学校、鳴門教育大学附属小学校で教鞭を取る。在職中は小学校家庭科の研究委員として、県内外の研究会に助言参加。県内公立校教頭職を経て、鳴門教育大学附属小学校教頭職、県内公立小学校校長職後に退職。共著に『教育技術　ヒントとアイデア集』小学館、『文部科学省検定済教科書「わたしたちの家庭科5・6」学習指導書』開隆堂出版などがある。

子どもの生きる力を育む小学校家庭科の授業例

2023年5月15日　初版第1刷発行

著　者　町口 美千代
発行者　瓜谷 綱延
発行所　株式会社文芸社
　　　　〒160-0022　東京都新宿区新宿1−10−1
　　　　　　　　　電話 03-5369-3060（代表）
　　　　　　　　　　　 03-5369-2299（販売）

印刷所　図書印刷株式会社